Gopalan Energievampire

Susanne F. Gopalan

Energievampire

Über den professionellen Umgang
mit schwierigen Charakteren

Odanur Verlag

ISBN 978-3-00-047715-7

6. Auflage 2023
© Odanur Verlag, Susanne F. Gopalan
Am Römerkastell 9, 73525 Schwäbisch Gmünd
Illustrationen, Umschlaggestaltung, Foto: Wilfried Moser
Lektorat: Gisela Klemt – lüra – Klemt & Mues GbR
Energievampirköchin: Annemarie Guckes
Co-Autor: Daniel Oliver Bachmann
Herstellung: Thomas Neuerer
Druck: Hubert & Co, Göttingen
Printed in Germany

Inhaltsverzeichnis

Prolog 9
Vampire sind überall 15
Vampire von heute sind Energievampire 23
Erkennen Sie verschiedene Energievampirtypen 29
Bin ich ein Energievampir? 55
Sieben Strategien zum Umgang mit Energievampiren 61
Über den Umgang mit Nervensägen 65
Über den Umgang mit Angsthasen 71
Über den Umgang mit Cholerikern 77
Über den Umgang mit Giftzwergen 85
Über den Umgang mit Jammerlappen 95
Über den Umgang mit Besserwissern 101
Über den Umgang mit Machtmenschen 105
S-O-S: Blitzstrategien zum Schutz vor Energievampiren 115
Entdecken Sie positive Seiten am Energievampir 127
Vampire im Büro 133
Ein Leben ohne Energievampire:
Erreichen Sie Ihr Ziel durch Herzintelligenz 137
Das Energiemenü zur Stärkung Ihres Immunsystems 143
Tipps für einen gesunden Schlaf 147
Mein Energievampir-Tagebuch 151
Die Autorin 165
Kontakt und Seminare 166

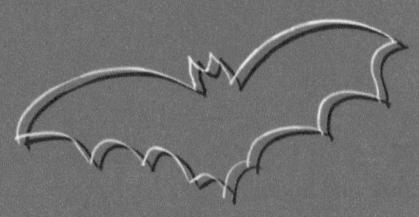

«Ich glaube, dass eine der Antriebsfedern unseres Berufes die ist, dass wir uns vom warmen Blut unserer Gegenüber ernähren.»
«Das heißt, Sie sind ein Vampir.»
«So ist es. Andererseits geben wir auch viel. Leute sind durch uns bereichert.»
«Durch Aufmerksamkeit?»
«Und Hinwendung.»
«Und das Verständnis für die Wunden anderer kommt aus den eigenen Wunden?»
«Ja. Man muss den Schmerz kennen.»

Der Regisseur Georg Stefan Troller im Gespräch mit Gero von Boehm im Pariser Quartier Latin

Aus: Gero von Boehm, *Begegnungen. Menschenbilder aus drei Jahrzehnten*. Collection Rolf Heyne, München 2012.

Prolog: Mein erster Energievampir

«*Das wirkliche Leben ist Begegnung.*»

Dr. Martin Buber

Es war ein schöner Sommertag im Jahr 1995, als der erste Energievampir meiner noch jungen Coachingkarriere in mein Leben trat. Ich sollte das Training eines Firmenkundenberaters der Sparkasse in der Nähe meines Heimatortes durchführen und war bester Dinge. Schließlich hatte ich selbst lange Zeit in einer Bank gearbeitet, kannte also die Fallstricke des Geschäfts. Außerdem war es fast ein Heimspiel, was konnte da schon schiefgehen? Heute muss ich lächeln, wenn ich daran zurückdenke. Was schiefgehen konnte? Einfach alles! Wer auf Vampire und Blutsauger trifft – oder nennen wir sie besser Energievampire und schwierige Charaktere –, kann sein blaues Wunder erleben.

Beschwingt betrat ich die Bank und machte mich auf den Weg ins Büro des Firmenkundenberaters. Ich hatte ein hervorragendes Briefing vom Personalchef erhalten, ich hatte mich perfekt vorbereitet – zumindest glaubte ich das – und ich freute mich darauf, mein Wissen an den Mann bringen können. Damals zählten in dieser Bank wie in vielen anderen die Firmenkundenberater zu den «Königen» der Organisation. Genauso begrüßte er mich: Der König gab sich die Ehre. Trotzdem lief das Gespräch zu Beginn noch gut. Das war

Energievampire

zumindest mein Eindruck, denn damals hatte ich nicht die Erfahrung, auf kleinste Änderungen in Ton und Körpersprache meiner Gesprächspartner zu achten. Anders gesagt, als Energievampirjäger war ich damals nicht zu gebrauchen. Ich erkannte zu spät, wem ich gegenübersaß. Es erging mir so, wie es heute meinen Kunden ergeht.

Bald kamen wir zum Kern der Sache. Der Mann hatte ein Problem damit, auf die Gefühle seiner Kollegen einzugehen; er gab sich nach außen kalt und hart. Kaum hatte ich das Thema angesprochen, änderte sich die Atmosphäre im Raum. Es war, als hätte jemand den Thermostat herabgedreht. Diese Empfindung ist gar nicht so merkwürdig, wie sie klingt, denn Energievampire sind in der Lage, Stimmungen komplett zu drehen. Der Ton des Mitarbeiters war auf einmal eisig, als er mich mit wenigen Worten abkanzelte.

«Hören Sie zu», sagte er. «Wovon Sie da reden, sagt meine Frau seit zwanzig Jahren. Und seit zwanzig Jahren interessiert es mich nicht.» Damit erhob er sich. Eine klarere Botschaft, dass wir keineswegs auf Augenhöhe diskutierten und er das Gespräch als beendet ansah, konnte es nicht geben. In seinen Worten steckte viel Zündstoff: Was du mir erzählst, weiß ich schon lange. Meine Frau hat sich damit arrangiert, und das sollen die Kollegen ebenfalls tun.

Recht bedröppelt verabschiedete ich mich. So hatte ich mir die Sache nicht vorgestellt. Natürlich wusste ich, dass nicht jedes Erstgespräch zum Erfolg führen kann. Trotzdem war da noch etwas anderes. Kaum hatte ich das Gebäude verlassen, geschah das, was typisch ist für das Aufeinandertreffen mit einem Energievampir: Mein Gesprächspartner von eben

Prolog: Mein erster Energievampir

wich nicht von meiner Seite. Natürlich nicht physisch, aber er hatte sich in meinen Kopf eingenistet. Dort blieb er auf der Fahrt nach Hause, den ganzen Abend und die Nacht über. Hartnäckig geisterte er durch meine Gedanken. Ich grübelte über den Vorfall nach, ohne zu wissen, dass Grübeln einen Energievampir erst richtig stark macht. Ich dachte das Erlebte von Anfang bis Ende durch, und wenn ich damit fertig war, fing ich von vorn an. Plötzlich bestimmten die heimtückischen Konditionalsätze mein Denken: «Wenn ich das Gespräch anders begonnen hätte, wäre ich wahrscheinlich besser zum Zug gekommen.»

Hätte, wäre, wäre, hätte – bald drehte ich mich nur noch im Kreis. Dann passierte etwas Unheimliches. Auf einmal fühle ich Versagensangst. War die nicht auch gerechtfertigt? Ich hatte den Auftrag schließlich vergeigt. In mir meldete sich ein Jammerlappen zu Wort, den ich bisher nie zur Kenntnis genommen hatte.

«Sieh es ein», sagte dieser. «Du hast dich übernommen. Du bist zu jung, um Führungskräfte zu coachen. Gib zu, was weißt du schon vom Leben? Du hast keinerlei Erfahrung! Ich meine es nur gut mit dir. Es war ein schwerer Fehler, das Angestelltenverhältnis aufzugeben. Dein nächster Job wird nicht besser laufen, und der übernächste auch nicht. Um ehrlich zu sein, ich sehe schwarz für deine Zukunft!»

Was immer ich tat, ich bekam diese weinerliche Stimme nicht aus dem Kopf. Kein Wunder, dass ich die ganze Nacht kein Auge zu machte.

Am nächsten Tag fasste ich einen Entschluss: Ich musste mit jemandem über die Sache sprechen. Ich rief eine gute

Energievampire

Freundin an, wir verabredeten uns zum Mittagessen. Kaum hatten wir Platz genommen, hörte ich mich sagen: «Also, ich muss dir das jetzt erzählen: Gestern habe ich einen Firmenkundenberater gecoacht, hach, der hat doch tatsächlich geglaubt, die Welt zu kennen! Was Besseres zu sein als andere! Das ich nicht lache! Ich war selbst bei den Vermögensberatern, und ich sage dir, so arrogant und unflexibel wie der war ...»

Meine Freundin schaute mich verwundert an. Von mir war sie Schimpfen und Lästern nicht gewohnt, doch jetzt zog ich kräftig vom Leder. Meine Argumente drehten sich im Kreis, und mit jeder Runde fühlte ich mich frustrierter und kraftloser. Auch meiner Freundin verhagelte es den Appetit. In Wahrheit benahm ich mich ihr gegenüber selbst wie ein Energievampir. Jetzt hatte es der Herr Firmenkundenberater geschafft, sich nicht nur in mein Gehirn einzunisten, sondern auch noch in das meiner Freundin. Ich spürte ein unangenehmes Ziehen im Bauch. Es war ganz so, wie es der Volksmund treffend ausdrückt: Die Sache begann mir auf den Magen zu schlagen.

Heute weiß ich, was damals alles schiefgegangen ist. Zum einen wollte ich einen Menschen ändern. Das kann nicht klappen, denn wir können uns nur selbst ändern. Um aber den Kunden dazu zu motivieren, hatte ich noch nicht die richtigen Werkzeuge in der Hand. Ich war damals nicht in der Lage, meinem Klienten den Zugang zu seinem eigenen Potenzial zu ermöglichen. Tatsächlich fehlte es mir an Erfahrung, da hatte er durchaus Recht gehabt. Er war ein geradezu klassischer Energievampir gewesen, eine gefährliche Mischung aus Machtmensch und Besserwisser, und ich bin ihm heute sehr

Prolog: Mein erster Energievampir

dankbar für die wertvolle Lektion, die er mir erteilte. Ja, Sie lesen richtig: Ich bin ihm dankbar. Ein wichtiges Thema in diesem Buch ist, was wir von unseren Energievampiren lernen können. So viel sei jetzt schon verraten: Es ist ganz schön viel! Damals tat ich aber, was Millionen von Menschen tun, wenn ein Energievampir sich ihrer bemächtigt: Ich grübelte, drehte mich im Kreis, jammerte und dachte an Flucht – da gehe ich nie wieder hin, den Auftrag gebe ich zurück! Ich begann, meiner Umwelt auf die Nerven zu gehen, und sorgte dafür, dass sich der Virus des Energievampirs ausbreiten konnte.

Das alles sind sogenannte Ablenkungsmuster. Durch sie sind wir nicht mehr in der Lage, den Kern des Problems zu sehen und uns mit einer Lösung zu beschäftigen. Dadurch erst kann der Vampir unsere Energie rauben und dafür sorgen, dass unsere Lebensfreude verlorengeht. Im fortgeschrittenen Stadium werden wir sogar krank. Manche Menschen schleppen ihre Energievampire ein Leben lang mit sich herum und haben kaum noch Kraft für die einfachsten Alltagsdinge. Der Grund dafür ist, dass sie nie gelernt haben, sich gegen Energievampire zu wehren. Ihnen Einhalt zu bieten und sie in die Schranken zu weisen. Dabei gibt es wirksame Mittel dafür. Hier lernen Sie sie kennen.

! – Mein größter Energievampir ist mein größter Lehrmeister.
– Sie haben die Wahlfreiheit. Entscheiden Sie aktiv, halten Sie selbst nächtliche Grübelvampire unter Kontrolle.

Vampire sind überall

«*Der Starke kann Schwäche zugeben.*»

Mahatma Gandhi

Bald schon wurde mir klar: Dieser Firmenkundenberater war gar nicht der erste Energievampir in meinem Leben. Als ob der Zwischenfall ein Tor zur Erinnerung geöffnet hätte, fielen mir Dutzende Erlebnisse ein, bei denen ich auf Menschen gestoßen war, welche die Fähigkeit besaßen, mit Worten und Taten Energie abzuzapfen. Ein Mitschüler kam mir in den Sinn, der immer alles besser gewusst hatte. Dann dachte ich an einen Lehrer, ein gefürchteter Choleriker, der Mathematik und Physik unterrichtete. Sein Lieblingsspruch lautete: «Bei Mädchen ist Schönheit mal Klugheit eine Konstante.» Wer den Satz nicht gleich begriff – je schöner ein Mädchen ist, desto dümmer ist es –, den stellte er vor der gesamten Klasse bloß.

Ein Nachbar fiel mir ein, der in allem was passierte eine Weltverschwörung sah und der die Bewohner unserer Straße mit seinen abstrusen Theorien nervte. Natürlich versuchte jeder, ihm aus dem Weg zu gehen, aber das war nicht einfach, denn wie jeder begabte Energievampir stellte er seinen Opfern mit List und Tücke nach.

Und als ob das nicht genügte, erinnerte ich mich auch noch an einen Vorfall während meiner Lehrzeit, ein gera-

Energievampire

dezu exemplarisches Beispiel, wie geschickt Energievampire arbeiten. Sie haben stets ein ausgezeichnetes Gespür für die Schwächen ihrer Mitmenschen. Ganz so, wie die Vampire aus Märchen und Mythen immer die verwundbarste Stelle ihres Opfers wählen, gehen auch unsere modernen Energievampire vor. Sie beißen mit ihren Giftzähnen in unsere Schwachstellen. Da genügt mitunter ein Satz oder ein Wort, um uns nachhaltig zu schädigen.

Meine Schwachstelle in diesen Jahren war meine interkulturelle Zugehörigkeit. Mein Vater war als junger Mann in den 1960er Jahren aus Südindien nach Deutschland gekommen. Er überwand den Kulturschock, arbeitete rund um die Uhr, wurde ein erfolgreicher Ingenieur und gründete eine Familie. Schließlich fand er im Schwäbischen eine neue Heimat, wo man ihn respektierte und achtete. Ich war stolz auf ihn, dennoch blieb mein indisches Erbe der ideale Angriffspunkt.

Damals befand ich mich im zweiten Lehrjahr zur Ausbildung als Bankkauffrau. Ich liebte den Kontakt zum Kunden, weil ich schon immer gern mit Menschen zusammen gearbeitet habe. Jeder Vorgesetzter, der ein Win-Win anstrebt, setzt so jemanden am Schalter ein. Ein Energievampir dagegen tut genau das Gegenteil. Ihm geht es darum, sich durch die Erniedrigung seiner Mitmenschen selbst zu erhöhen. Meinem Vorgesetzten war klar, welchen Knopf er bei mir drücken musste. Als ich bat, mehr Zeit am Schalter verbringen zu dürfen, sah er mich mit süffisantem Lächeln an. Dann sagte er: «Tut mir leid, Frau Gopalan, aber das geht nicht. Ihr indisches Aussehen können wir unseren Kunden nicht zumuten.»

Vampire sind überall

Es war ein einziger Giftpfeil, den er abschoss. Doch der reichte aus, um mir eine schwere Wunde zuzufügen. Jeder, der diese Erfahrung schon einmal gemacht hat – und wer von uns hat das nicht? –, weiß, dass das Gift eines Energievampirs manchmal schnell und manchmal schleichend wirkt. So erging es mir. Zunächst tat ich diese Bemerkung als eines Vorgesetzten unwürdig ab. Tage später jedoch spürte ich, wie das Gift in mir wirkte: Du bist anders als die anderen, du bist weniger wert, hieß die Botschaft. Deine Mitmenschen werden dich niemals akzeptieren.

Heute habe ich es häufig mit Kunden zu tun, bei denen ebenfalls ein Satz genügte, um ihre ganze Welt auf den Kopf zu stellen. Bei anderen sorgt die stetige Wiederholung dafür: Wer von einem Energievampir in jedem Meeting zu hören bekommt, «Ihre Vorschläge sind einfach nur Mist», wird selbst bei großer innerer Stärke irgendwann mürbe. Und glauben Sie mir: Das ist ein Satz, der in dieser oder ähnlicher Form Tag für Tag unzählige Male in deutschen Unternehmen zu hören ist, denn Energievampire sind überall.

Der Ausdruck «Energievampir» spielt mit den alten Mythen und Märchen der Völker. Seit Menschen sich Geschichten erzählen, tauchen immer wieder Vampirgestalten darin auf. Und seit wir diese Geschichten aufschreiben, wissen wir auch, dass sie kulturübergreifend sind. So wird bereits im fast 2000 Jahre alten jüdischen Talmud Lilith erwähnt, die erste Frau Adams.

Diese Lilith – hebräisch bedeutet ihr Name «die Nächtliche» – gilt als erste Vampirin der Historie. Von den Eshu in

Energievampire

Nigeria wird berichtet: Sitzt der Vampir am Boden, stößt er mit dem Kopf an der Decke an, steht er aber auf, ist er so hoch wie der Teppich. Ein widersprüchlicher Charakter also, ein echter Trickser oder Gestaltenwandler. Seine Aufgabe ist es, Unmut zu stiften, um durch Streit und Ärger in abgestumpfte Beziehungen neuen Schwung zu bringen. Ein interessanter Aspekt für einen Energievampir – auf der einen Seite wird er als Vampir empfunden, auf der anderen Seite ergibt sein Wirken durchaus Sinn.

Auf dem indischen Kontinent erzählt man sich seit Urzeiten von den Pisachas. Diese werden bereits in der Atharvaveda beschrieben, einer Textsammlung des Hinduismus, deren Alter auf über 4000 Jahre geschätzt wird.

Die Ch'lang Shih sind in China zu Hause, die Danag auf den Philippinen. Diese sind ein ganz besonderer Fall: Danags waren ursprünglich einmal freundliche Wesen. Als sich eines Tages eine Bäuerin in den Finger schnitt und ein hilfsbereiter Danag sich anschickte, die Bluttropfen aufzufangen, fand er daran so viel Vergnügen, dass er nicht mehr damit aufhören konnte, ihr Blut zu trinken – eine interessante Parallele zu modernen Energievampiren, die ihre Energie ebenfalls aus dem Unglück anderer ziehen.

Impundulus-Vampire beherrschen Südafrika, die Asema Südamerika. Adze ist ein Vampirgeist der Ewe, einem Stamm im Südosten Ghanas, während die Anuika im fernen Sibirien zu Hause sind. Oder nehmen wir die albanischen Kukuth: Dem Volksglauben nach sind diese Vampire so mächtig, dass sie nicht einmal das Tageslicht scheuen.

Vampire sind überall

Im europäischen Kulturkreis beherrscht Graf Dracula die Szene. Als der irische Schriftsteller Bram Stokers im Jahr 1897 seinen Vampirroman veröffentlichte, war allerdings nicht abzusehen, dass er sein historisches Vorbild, den rumänischen Grafen Vlad Tepes, damit weltbekannt machen würde.

Dracula bedeutet im Altrumänischen schlicht und einfach Teufel; spricht man das Wort aber aus, klingt es wie «der Geliebte». Damals wie heute existieren in Ländern wie Rumänien, Serbien, Polen oder Bulgarien unzählige Vampirgeschichten. Ein Grund mag sein, dass in diesen Regionen die Natur und ihre Geisterwesen sehr eng mit dem Leben der Menschen verbunden waren.

Vor der Industrialisierung wimmelte es auch in deutschen Märchen von Vampirwesen: Da spukte das Dengelmännle auf den Almen des Voralpengebiets herum, während der Doppelsauger zum Untoten wurde, weil er nach der Entwöhnung nochmals an der Brust gestillt wurde. Der Überzählige mischte sich unter die Tanzenden und Kartenspieler, und entführte sie ins Totenreich.

Einer der berühmtesten Vampirgestalten deutscher Prägung finden wir in Wilhelm Hauffs Märchen vom Kalten Herz.

Es ist der Schwarzwälder Köhler Kohlenmunk-Peter, der beim Waldgeist Holländer-Michel sein Herz gegen einen kalten Stein eintauscht. Daraufhin erlöschen alle seine Gefühle, und der durch den Tauschhandel gewonnene Reichtum wiegt den Verlust nicht auf.

Joanne K. Rowling griff in ihren Harry-Potter-Romanen

Energievampire

viele dieser Motive auf: In ihren Büchern saugen vampirähnliche Dementoren ihren Opfern das Glück aus.

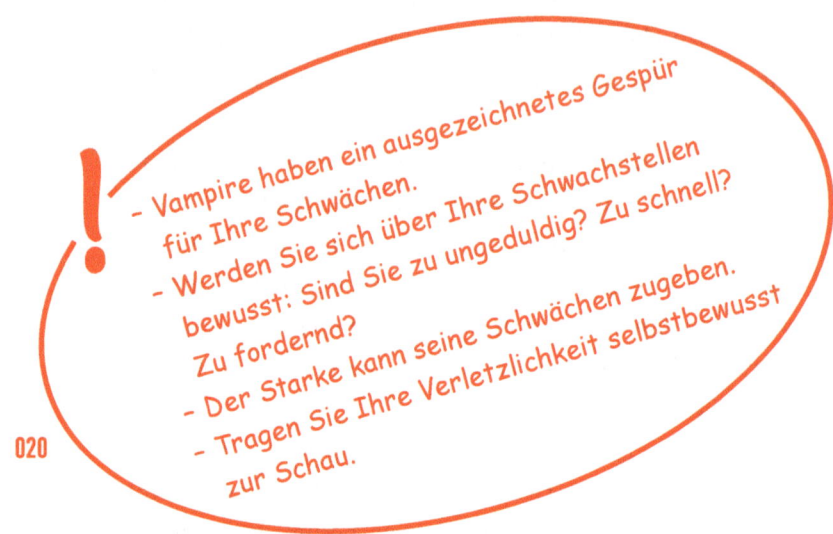

! - Vampire haben ein ausgezeichnetes Gespür für Ihre Schwächen.
- Werden Sie sich über Ihre Schwachstellen bewusst: Sind Sie zu ungeduldig? Zu schnell? Zu fordernd?
- Der Starke kann seine Schwächen zugeben.
- Tragen Sie Ihre Verletzlichkeit selbstbewusst zur Schau.

021

Vampire von heute sind Energievampire

Der mit dem Vampir tanzt ...

Warum erzählen sich Menschen Geschichten? Weil sie von ihnen lernen wollen. Für die San-Buschmänner, das älteste Volk unserer Erde, sind Geschichten überlebensnotwendig: Weil es keine Niederschriften gab, wurde mit den mündlich erzählten Geschichten über die Jahrtausende hinweg das Volkswissen weitergegeben. Die meisten Geschichten unserer Welt kreisen um den sogenannten Grundkonflikt: Da kann es für den Helden darum gehen, einen Schatz zu finden oder ein unerwartetes Abenteuer zu bestehen. Er muss eine Verfolgung überleben oder jemanden vor einem Feind retten. Er hat ein Rätsel zu lösen, eine Liebe zu gewinnen, oder, wenn wir an Romeo und Julia denken, die verbotene Liebe gegen alle Widerstände durchzusetzen. Seit ewigen Zeiten lauschen wir diesen Geschichten – lesen sie oder schauen sie uns im Kino an –, weil wir nach Hinweisen suchen, wie wir unsere eigenen Konflikte lösen können.

Nach gängiger Beschreibung ist ein Konflikt dann ein Konflikt, wenn unterschiedliche Interessen berührt werden, Emotionen im Spiel sind, und eine Notwendigkeit zum Handeln besteht. So gesehen besteht unser Leben aus vielen Konflikten. Das machen sich moderne Energievampire zunutze.

Energievampire

Durch ihr Verhalten schüren sie neue Konflikte und heizen die alten an. Die Lösungsmöglichkeiten, die im Kino geboten werden, passen meist nicht in unsere reale Welt. Auf der Leinwand wählt der Filmheld in der Regel den Kampf, und häufig verläuft dieser sehr blutrünstig ab. Kämpfen gehört zum ersten Impuls des Menschen, ist aber anstrengend und gefährlich, und alles andere als zeitgemäß. Zumal das Risiko hoch ist: Der Stärkere wird gewinnen, und wer sagt, dass man selbst es ist? Außerdem verlieren kämpfende Streithähne viel Energie, was sich in der Natur oft «die lachenden Dritten» zunutze machen. Bei Statuskämpfen von Bullen in einer Rinderherde kann man beobachten, wie ein unbeteiligter Jungbulle die Erschöpfung der Kämpfenden ausnutzt, um sich selbst an die Spitze zu stellen.

Nach dem Kämpfen kommt uns als zweiter Impuls die Flucht in den Sinn. Das kann mitunter eine gute Idee sein. Zwar löst eine Flucht das Problem nicht, aber wir gewinnen Zeit, um Energie zu tanken oder Wissen und Strategien für die Konfrontation zu finden.

Eine weitere Art des Umgangs mit Konflikten ist die Erstarrung. Dabei wird die gesamte Energie, die ein Mensch für Kampf oder Flucht bereithält, eingefroren. Der Atem stockt, die Muskulatur verkrampft sich, es wird Adrenalin ausgeschüttet, ohne dass es zur körperlichen Reaktion kommt. Viele meiner Klienten leiden unter Rücken- und Nackenschmerzen, weil sie bei aufkeimenden Konflikten die Erstarrung zur Norm gemacht haben.

Das Gegenteil von Erstarren ist Im-Fluss-sein. In diesem

Vampire von heute sind Energievampire

Fall sehe ich den Konflikt als Geschenk an, das mir keine Energie raubt, sondern Energie vermittelt. Das mag für Sie noch recht abenteuerlich klingen. Wer aber dem Konflikt auf diese Weise begegnet und lernt, die Energie des vermeintlichen Gegners wertzuschätzen, wird im Konflikt immer eine Lernaufgabe entdecken. Heute wissen wir aus zahlreichen wissenschaftlichen Untersuchungen, dass nichts dem Menschen mehr Freude bereitet, als Neues zu erlernen. In diesem Sinne wird der Energievampir plötzlich zum Lehrer. Folgen wir dem Impuls, von ihm zu lernen, gewinnen wir Freude und neue Energie. Mit dieser Strategie sind die drei anderen – Kampf, Flucht und Erstarrung – nicht mehr notwendig. Anders gesagt: Wer mit dem Vampir tanzt, anstatt ihn zu bekämpfen, ist auf dem besten Weg zu einem konfliktfreien und lernorientierten Leben.

Damit wir mit dem Vampir tanzen können, müssen wir ihn erst erkennen. Das ist gar nicht leicht, weil Energievampire listige Wesen sind. Da es sie nach unserer Energie giert, haben sie schlaue Strategien entwickelt, uns das Leben schwer zu machen. Wer weiß schon, dass hinter dem kleinen Angsthasen, dem wir so häufig zur Hand gehen, ein gieriger Energievampir steckt?

Vampire von heute zeichnen sich zwar oft durch Aggressionen aus – denken Sie an den Choleriker – oder durch Lustlosigkeit, Desinteresse, Müdigkeit, Zweifel, Misstrauen und Argwohn wie beim Jammerlappen. Trotzdem bemerken wir ihr Wirken meist erst hinterher: Wenn wir zum Beispiel

Energievampire

aus einem Meeting kommen und uns auf einmal völlig ausgelaugt fühlen. Der Grund dafür ist, dass Energievampire uns nicht sofort an die Kehle gehen, sondern raffiniertere Methoden verwenden.

Viele dieser Energiesauger befinden sich ganz in unserer Nähe, und sind schon deshalb nicht so einfach aus dem Weg zu räumen. Verschiedene Studien beschreiben, dass immer wiederkehrende Alltagssituationen zu den gefürchtetsten Energieräubern gehört. Für die einen kann es das sonntägliche Familienessen sein. Für die anderen der nicht endend wollende Kindertaxiservice oder andere logistische Herausforderungen des Alltags. Oder der tägliche Stau auf dem Weg zur Arbeit, die lieben Nachbarn, Grußkarten schreiben zu müssen, sogar Feste zu feiern, wenn man im Grunde nicht feiern will. Der Energieräuber heißt «Fremdbestimmtheit»: Um des lieben Friedens willen nehmen wir die Einladung der Tante an, obwohl wir wissen, dass die kerngesunde Frau uns endlos mit ihren vermeintlichen Krankheitsgeschichten quälen wird. Doch wir ziehen den Kopf ein und gehen in die Erstarrung, weil wir glauben, auch dieser Krug wird an uns vorübergehen. Tut er aber nicht. Denn Tante Martha erfreut sich deshalb bester Gesundheit, weil sie aus ihren Opfern Energie saugt.

Ich kenne viele ähnlich gelagerte Fälle, in denen der Betroffene resigniert sagt: «Ich kann einer alten Dame doch nicht ihren Wunsch abschlagen.» Richtig: niemand sagt, dass es einfach ist. Wir sind aber auf dem Weg der Besserung, wenn wir den Vampir erkennen. «Name it and normalize it», heißt ab heute unsere Devise: «Benenne das Problem – dann verliert es die Macht über dich.» Denn durch das Benennen führen wir es aus dem Unterbewussten ins Bewusstsein und können aktiv auf eine Lösung zusteuern.

Was ist also unsere Aufgabe?

Energievampire erkennen und benennen.

Fangen wir damit an!

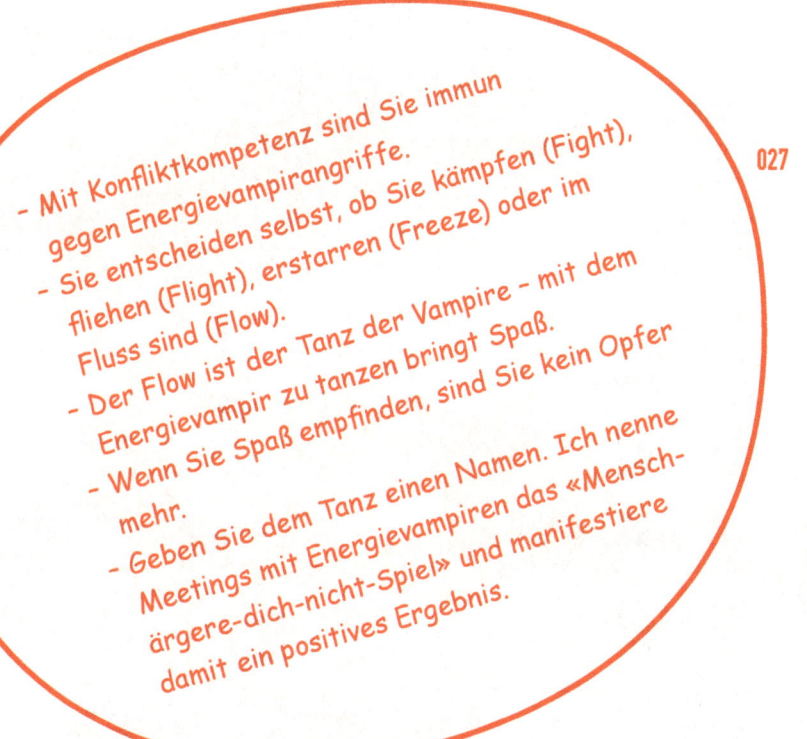

- Mit Konfliktkompetenz sind Sie immun gegen Energievampirangriffe.
- Sie entscheiden selbst, ob Sie kämpfen (Fight), fliehen (Flight), erstarren (Freeze) oder im Fluss sind (Flow).
- Der Flow ist der Tanz der Vampire – mit dem Energievampir zu tanzen bringt Spaß.
- Wenn Sie Spaß empfinden, sind Sie kein Opfer mehr.
- Geben Sie dem Tanz einen Namen. Ich nenne Meetings mit Energievampiren das «Mensch-ärgere-dich-nicht-Spiel» und manifestiere damit ein positives Ergebnis.

Erkennen Sie die verschiedenen Energievampir-Typen

«*Das Wesentliche ist für die Augen unsichtbar.*»

Antoine de Saint-Exupéry

Tilmann Bohn* ist eine begabte Nervensäge: Den lieben langen Tag steht sein Mund nicht still. Menschen, die arbeiten, sind für ihn Kapitalisten und Ausbeuter. Da trifft es sich gut, dass er selbst seit Jahren nicht arbeitet, was für ihn kein Problem ist, weil er sein Energieopfer gefunden hat: Es ist seine Freundin. Sie sorgt dafür, dass der Kühlschrank voll ist, denn anderen Menschen mit Gesellschaftskritik auf die Nerven zu gehen, verschafft Tilmann einen gehörigen Appetit. Wie oft seine Freundin den gutgemeinten Rat «Schmeiß den Kerl doch raus» gehört hat, kann sie nicht mehr zählen. So einfach ist das aber nicht, wenn man es mit einem talentierten Energievampir zu tun hat. «Rauswerfen» ist eine Kampfstrategie, die mehr Energie kostet, als Tilmanns Freundin noch aufbringen kann.

Nervensägen sind häufig anzutreffende Energievampire. Wir finden sie im Büro, in der Familie, im Freundeskreis und nicht selten in unserer Nachbarschaft. Diesen Umstand thematisierte in den 1980er Jahren die erfolgreiche Fernsehserie «Die Nervensäge» mit Dieter Hallervorden. Darin schlüpfte

Energievampire

der Schauspieler in die Rolle des Willi Böck, der allen im Haus auf die Nerven fällt. Mal stört er die Ruhe, mal hat er kein Geld, um die Miete zu bezahlen, mal macht er die Vermieterin oder ihre Tochter an, mal bricht durch ihn das totale Chaos aus. Allein die Gutmütigkeit der Hausbesitzerin rettet ihn vor dem Rauswurf. Am Ende jedoch flüchtet sie mitsamt Tochter, und Böck kauft ihr Haus. Plötzlich muss die arme Frau bei ihm zur Untermiete einziehen. Das bissige Ende der Geschichte zeigt, wohin ein Konflikt mit einem Energievampir führen kann.

Nervensägen machen uns das Leben schwer. Sie sind gut darin, Entscheidungen auf den Sankt Nimmerleinstag hinauszuschieben, während sie sich über die misslichen Umstände beschweren. In der Regel sind sie redegewandt – es kommt seltener vor, dass schweigsame Menschen unsere Nerven strapazieren, aber auch das kann es geben – und sie nutzen ihre Kommunikationsfähigkeit aus. Unser innerer Alarmwecker scheppert gewaltig, wenn wir einer Nervensäge über den Weg laufen. Gern nehmen wir größere Umwege in Kauf, damit uns das gar nicht erst passiert. Doch es können auch Kleinigkeiten sein, die uns im Laufe der Zeit auf die Nerven fallen: Der Mann, der ständig die Lichter löscht, wenn er einen Raum verlässt, die Frau, die stets hinter einem her putzt. Der Nachbar, der den Automotor laufen lässt, während er neben seinem Wagen stehend ein Schwätzchen hält. Der Beamte, der uns seit zehn Jahren kennt, aber trotzdem den vergessenen Ausweis einfordert, weil es der Dienstweg so will. Die Kassiererin, die ihre Kasse

Erkennen Sie verschiedene Energievampir-Typen

direkt vor unserer Nase schließt, obwohl wir eine Viertelstunde in ihrer Schlange standen. Sie alle gehen uns gehörig auf die Nerven, doch nur wenige von ihnen sind ständiger Teil unseres Lebens.

Die Sache sieht anders aus, wenn die Nervensäge Mitglied der Familie ist, ein Mitarbeiter im Team, der Kollege im selben Büro. Ihre Marotten müssen wir tagtäglich aushalten, und das kann krank machen. Zumal diese Marotten eben mehr sind als Marotten: Der Energievampir setzt sie bewusst und zielstrebig ein. Keine Nervensäge sägt nur zum Spaß an unseren Nerven. Sie will unsere Energie! Je mehr wir uns aufregen, je schneller wir die Nerven verlieren, umso besser für sie. Eine Nervensäge wie Tilmann Bohn lebt nicht nur vom Geld seiner Freundin, sondern auch von ihren regelmäßigen Verzweiflungsausbrüchen, die sein Verhalten hervorrufen.

«Dazu kann ich nicht einfach Ja sagen.» Dieser Satz gehört zum Standardrepertoire des **Angsthasen**. Manchmal drückt er sich auch verklausuliert aus: «Wir müssen das erst noch prüfen. Ich glaube nicht, dass Sie in diesem Quartal noch mit einem Ergebnis rechnen können.» Niemals wird ein Angsthase zugeben, dass er einfach Angst vor einer Entscheidung hat. Energievampire seiner Ausprägung beziehen weder Stellung noch sagen sie, was sie denken. Trotzdem haben sie eine Meinung, die sie aber für sich behalten. Schließlich fürchtet sich der Angsthase vor jeder verlässlichen Aussage.

Der Energievampir Angsthase begegnet uns in unterschiedlichen Ausprägungen. Gregor Schramm* arbeitet als IT-Bera-

Energievampire

ter in einem Großunternehmen. Dort fühlte er sich lange Zeit bestens aufgehoben. Sein Leben basierte auf exakten Daten und verlässlichen Kalkulationen. Dass zu Beginn seiner Karriere viele Entscheidungen über seinen Kopf hinweg getroffen wurden, störte ihn nicht. Im Gegenteil, als Angsthase profitierte er davon. Weil er in seiner Kernkompetenz die Dinge zur vollsten Zufriedenheit erledigte, war sein Aufstieg in der Hierarchie unvermeidlich.

Seit der Psychologe Laurence J. Peter die erschreckende Regel bekannt gemacht hat, spricht man vom Peter-Prinzip, wenn genau die Menschen Karriere machen, die am wenigsten dazu geeignet sind. Peter schrieb dazu: «Nach einer gewissen Zeit wird in einer Hierarchie jede Position von einem Mitarbeiter besetzt, der unfähig ist, seine Aufgabe zu erfüllen.» Gregor Schramm passt in dieses Schema: Er wurde zum Gruppenleiter ernannt, und damit begannen die Probleme. Auf einmal musste er Entscheidungen treffen – und verweigerte sich. Am liebsten kommunizierte er mit seinen Untergebenen per E-Mail, um nicht in einem persönlichen Gespräch Zusagen machen zu müssen. Seine Worte blieben schwammig und unverbindlich. Nach und nach mutierte er zum Energievampir, der Energie nur dadurch gewinnen konnte, wenn er sämtliche Entscheidungen hinauszögerte. Für seine Mitarbeiter war das ein unhaltbarer Zustand, da sie ständig an Boden verloren. Einige kämpften, andere flüchteten und verließen die Firma, viele erstarrten in der inneren Kündigung. Als ich begann, die Abteilung zu coachen, konnte von einem funktionierenden Team keine Rede mehr sein.

Erkennen Sie verschiedene Energievampir-Typen

«Wir brauchen keine Trainerin.» Auch diesen Satz höre ich von Angsthasen oft. Jüngst sprach ihn ein 60-jähriger Geschäftsführer eines mittelständischen Unternehmens aus, das mit einer hohen Fluktuation zu kämpfen hatte. Kann ein Geschäftsführer ein Angsthase sein? Natürlich! Dieser Mann vermittelte nach außen ein fehlerloses Selbstbild – auf den ersten Blick war er alles andere als ein ängstlicher Mensch. Nur passte dieses Selbstbild nicht mit dem Fremdbild der anderen zusammen. Beim ersten Treffen betonte er mehrfach: «Wir haben keinerlei Probleme.» Das wäre für ihn schön gewesen, denn es ist der ideale Zustand für einen Angsthasen. Wer keine Probleme hat, muss keine Entscheidungen treffen.

Dem Angsthasen ist nicht leicht beizukommen. Viele von ihnen haben einen erfolgreichen Lebensweg hinter sich und daher kein Bewusstsein dafür, dass ihr Erfolg auf der energetischen Ausbeutung ihrer Mitmenschen basiert. Da ist es erforderlich, behutsam vorzugehen. Am besten, wir stellen uns den Menschen wie eine Zwiebel vor: Sein Innerstes ist von zahlreichen Schalen geschützt, die, wie bei der Pflanze selbst, nach außen immer dicker werden. Im Innersten verborgen ist seine Liebe und das Vertrauen zu den Mitmenschen. Ich glaube fest daran, dass selbst der schlimmste Tyrann diesen Kern besitzt, aber keinen Zugang zu ihm hat. Geschützt wird der Kern von Liebe und Vertrauen durch «emotionale Zwiebelschalen» wie Trauer und Mitleid. Diese wiederum werden durch Angst, Wut und Ärger abgeschirmt. Darum legt sich die Schale der Rationalisierung und des Verstandes.

Energievampire

«Wir haben keine Probleme und brauchen keine Trainerin», ist ein typischer Ausdruck reinsten Verstandes. Um Angsthasen helfen zu können, lege ich zuerst die Schutzschicht der Rationalisierung frei. Darunter wartet die Wut auf mich. So war es auch in diesem Fall. Nach den ersten Gesprächen ließ der Geschäftsführer seinen ganzen Ärger heraus. Auch wenn man da schnell auf die falsche Spur kommen könnte – dieser tobende Mann war noch immer ein Angsthase. Danach kam die Trauer. Sätze fielen wie: «Eigentlich wollte ich was ganz anderes mit meinem Leben anstellen.» Damit kam ich dem Grund seiner Angst auf die Schliche. Wer in seinem Leben anderes tun will, fühlt sich nicht wohl in seiner Haut. Wer sich nicht wohl fühlt, fürchtet sich. Wer nicht in seiner Kernkompetenz arbeitet, bekommt es mit der Angst zu tun. Interessanterweise tritt in dieser Schicht von Trauer und Mitleid die Demut zu Tage. Das Wort stammt vom althochdeutschen Ausdruck «diomuoti» ab, was so viel wie «dienstwillig» heißt. Nun ist der Angsthase in seiner Urform alles andere als dienstwillig. Findet er aber durch Coaching zu seiner Demut, verliert er seine Angst, und die Welt steht ihm auf einmal offen. In der Regel geht es beim Angsthasen darum, Entscheidungen aus der Vergangenheit zu korrigieren. Seine daraus resultierende Angst demotiviert ihn, und wer demotiviert ist, traut sich den nächsten Schritt nicht zu. Angsthasen muss man motivieren, und Motivation ist immer eine Kombination aus drei Faktoren:

Ich bin motiviert, wenn ich etwas will.
Ich bin motiviert, wenn ich etwas kann.
Ich bin motiviert, wenn ich etwas darf.

Erkennen Sie verschiedene Energievampir-Typen

Wollen, können, dürfen – darauf kommt es an. Beim Energievampir vom Typ Angsthase gibt es häufig eine Entscheidung in der Vergangenheit, bei der einer oder zwei dieser Motivatoren fehlten. Sie führten ihn auf die falsche Bahn, wie im Falle des Geschäftsführers der Maschinenbaufabrik. Ursprünglich wollte er anderes in seinem Leben. Kein Wunder, dass er seine fehlende Motivation ein ganzes Arbeitsleben lang ausgleichen musste, indem er sich die mangelnde Energie bei anderen holte.

Der Energievampir **Choleriker** ist im Gegensatz zum Angsthasen keiner, der sich versteckt. Vor meiner Tätigkeit als Trainerin war mir nicht bewusst, wie viele Schreihälse es in Deutschlands Unternehmen gibt. Viele Choleriker sprechen schon im Normalzustand nur in GROSSBUCHSTABEN. Verlieren sie die Nerven, schreien sie alles nieder, was sich ihnen in den Weg stellt. Weil der Energievampir Choleriker genau weiß, was er damit erreicht, sollten wir die Sache besser so ausdrücken: Er schreit alles nieder, was ihm auf seinem Weg zum Ziel hinderlich erscheint. Das ist ein wichtiger Unterschied, wenn wir uns mit einem Choleriker beschäftigen. Schließlich hat er keinerlei Skrupel, andere fertigzumachen. Choleriker scheuen sich auch nicht, Drohungen auszusprechen: «Ich mach dich alle!» oder «Ich sorge dafür, dass Ihr Projekt an die Wand fährt, und Sie gleich mit!» gehören zu seinem Standardrepertoire. Dennoch gibt es nur wenige Fälle, in denen Choleriker zur körperlichen Gewalt neigen. Dagegen tendieren viele zur Gewalt gegen Sachen – sie treten gegen den Stuhl, hämmern mit Fäusten auf den Schreibtisch

Energievampire

– oder wählen die Autoaggression. Manche leiden an Bluthochdruck – Ebenbild zum Blutdurst des Vampirs –, und jeder Wutanfall bringt ihnen Herzrasen.

Noch mehr leiden die Opfer. Ein Choleriker im Büro sorgt dafür, dass ein gut funktionierendes Team auseinanderfällt. Das war auch bei einem internationalen Versicherungskonzern der Fall. Randolf Kreisler*, der neue Abteilungsleiter, hatte seine Karriere in Ostdeutschland begonnen. Als ich ins Haus gerufen wurde, bemerkte ich, wie sehr er sich an Begriffe wie Macht, Ordnung und Hierarchie klammerte. Für ihn gab es nur zwei Farben: Schwarz und Weiß. Wer sich an seine Regeln hielt, stieg in seiner Gunst, alle anderen mussten sich warm anziehen. Er war intelligent, begeisterungsfähig, selten um eine clevere Antwort verlegen, er konnte delegieren, war schneller als die anderen und klar in seinen Anweisungen. Doch wehe, jemand hakte nach, oder schlimmer, etwas ging schief. Dann verlor dieser eigentlich so selbstsicher wirkende Manager die Fassung. Schon in seiner normalen Umgangssprache kamen Harmonieworte nicht vor. In Rage gebracht brach ein Vulkan aus, und Schmähungen, Beleidigungen und Drohungen schwirrten durch die Luft. «Einschüchterung» heißt diese Strategie, gefolgt vom «Treten nach unten». Dieses Treten nach unten bedingt, dass ein Choleriker das gleiche Verhalten von seinem Vorgesetzten erwartet. Deshalb wird er sich hüten, Fehler und Hindernisse auf dem Weg zum Erreichen gesetzter Ziele nach oben weiterzugeben. Vielmehr wird er vertuschen und täuschen. Da er ein Meister der Machtspiele ist, setzt er dafür seine Untergebenen ein, und, wenn es nötig wird, opfert er sie. Auch in dieser Firma wurde

Erkennen Sie verschiedene Energievampir-Typen

in kurzer Zeit die vorhandene Fehlerlernkultur ausgeschaltet. Wo man bisher auf Missstände reagiert hatte, herrschte nun das Wir-kehren-alles-unter-den-Teppich-Prinzip. Das schlug sich in den Zahlen nieder. Dazu verschlechterte sich das Betriebsklima. Wie häufig kündigten als Erstes die besten Mitarbeiter, und das gesamte Leistungsniveau sank noch einmal. Der Rest zog die Köpfe ein und klagte über einen verschlechterten Gesundheitszustand, seit Randolf Kreisler im Haus war. Stressfaktoren wie nervöse Übelkeit, Unlust, Arbeitsverweigerung und innere Kündigung waren allgegenwärtig.

Natürlich wurde in diesem Fall diskutiert, ob eine Kündigung des Managers nicht die beste Lösung sei. Auf der anderen Seite hatte Kreisler Fähigkeiten, die man sich bei Führungskräften nur wünschen kann. Wie viele Choleriker war er begeisterungsfähig und konnte in der richtigen Stimmung Unmögliches möglich machen. Dazu stellte sich die Frage, ob ein potenzieller Nachfolger nicht in dieselbe Bresche schlug. Schließlich werfen die meisten Energievampire ihren Tarnmantel erst nach einiger Zeit ab. War es nicht besser, wenn die Mitarbeiter lernten, wie man mit solch einem schwierigen Charakter umgeht? Umgangsstrategien sind immer besser als Kampf, Flucht oder Verharren im Status quo.

Manchmal ist seine Stimme freundlich, fast liebenswürdig. Als Zuhörer wird man schnell aufs Glatteis geführt, wenn man es mit einem Energievampir vom Typ **Giftzwerg** zu tun hat. Doch lange wird diese pseudo-freundliche Art nicht anhalten. Früher oder später fallen Sätze wie: «Tja, mein Lie-

Energievampire

ber. Da haben Sie aber wirklich Bockmist gebaut.» Begleitet werden diese Worte von einem fiesen Grinsen. Dem Opfer wird klar: Der Giftzwerg freut sich am Scheitern anderer. Selbst einem Unfallopfer wird er noch eines mitgeben: «Die Bremse, das ist das *andere* Pedal. Hat man Ihnen das in der Fahrschule nicht beigebracht?»

Für eine Grundsatzfrage sind Giftzwerge bereit, alles aufs Spiel zu setzen. Sie scheuen sich nicht davor, einen Konflikt in die Öffentlichkeit zu tragen – zum Beispiel, indem sie ihn genüsslich in sozialen Netzwerken ausbreiten. Während ihre Opfer vor Scham im Boden versinken und ihre ganze Energie verbrauchen, um den Schaden irgendwie gutzumachen, ergötzt sich der Energievampir an ihrem Leiden und tankt dabei so richtig auf. Gern agiert er aus dem Hinterhalt, und sein Gedächtnis ist das eines Elefanten. Einen Angriff gegen sich wird er a) nie verzeihen und b) niemals vergessen. Denkt sein Gegner nicht mehr an die Sache, bereitet er genüsslich seine Rache vor.

Giftzwerge verstehen es, Teams zu spalten. Schnell scharen sie Anhänger um sich, die sie für ihre Sache einspannen. Das Machtspiel von Protektion und Beförderung, das Abkanzeln und Kaltstellen ist ihr Metier. Kommunikativ sind sie auf der Höhe – viele von ihnen sind Meister darin, mit Worten Menschen im Innersten zu treffen. Darin ähneln sie Nervensägen. Doch mehr als diese handeln Giftzwerge proaktiv. Ihre Devise «Angriff ist die beste Verteidigung» sorgt dafür, dass sie einen ganzen Köcher Giftpfeile abgeschossen haben, bevor ihre Opfer überhaupt realisieren, dass der Krieg bereits begonnen hat.

Erkennen Sie verschiedene Energievampir-Typen

Vielleicht fragen Sie sich, wo in all den bisherigen Beispielen die Frauen bleiben? Sind Energievampire stets Männer? Natürlich nicht. Da ich aber mit Führungskräften arbeite, und diese häufig Männer sind, ergibt sich daraus das etwas schiefe Bild. Selbstverständlich gibt es auch die Giftzwergin, doch in meiner täglichen Arbeit kommt vor allem ihr männliches Pendant vor. Da lohnt sich auch der Blick in die historische Vergangenheit, denn einer der berühmtesten Giftzwerge war Napoleon Bonaparte. Als die Baronin Anne Louise Germaine de Staël-Holstein im Jahr 1798 seiner Majestät ihre Aufwartung machte, brach der Giftzwerg in ihm aus. Die unter dem Namen Madame de Staël weltberühmt gewordene Literatin, die mit Wieland, Schiller und Goethe verkehrte und den Ausdruck «Deutschland, Land der Dichter und Denker» prägte, trug bei dieser Gelegenheit ein in jener Epoche übliches Kleid mit tiefem Dekolleté. Napoleon starrte darauf, um anschließend mit hämischem Blick die Augen zu heben. «Madame», sagte er der Überlieferung nach, «wie ich leider sehen muss, haben Sie Ihre Kinder selbst gesäugt.»

Das ist typisch für einen Giftzwerg: Die Beleidigung wird öffentlich ausgesprochen, laut und für jeden vernehmbar. Dass es unter kleinen Männern wie Napoleon besonders viele Giftzwerge gibt, mag an ihrem mangelnden Selbstvertrauen und den daraus entstehenden Übersprunghandlungen liegen.

Ich habe aber auch Giftzwerge mit Gardemaß kennengelernt. Einer davon war Michael Lensko*, Vorstandsvorsitzender eines interkommunalen Zweckverbandes. Seine Karriere sah auf den ersten Blick makellos aus, erst bei genauem Hinsehen fielen die Brüche auf. Lensko war ein Giftzwerg

Energievampire

in Reinkultur, und solche Menschen machen sich Feinde. Seine Feinde sorgten dafür, dass sein Aufstieg doch nicht so stetig war, wie er es anderen gern weismachen wollte. Am Ende war die Karriere aufgrund hohen fachlichen Könnens unvermeidlich, doch bald zeigte sein Giftzwerg-Gehabe wieder ernste Folgen. Als man mich um Hilfe rief, schienen die Probleme mit dem Partner des Zweckverbandes nicht mehr ausräumbar zu sein. Der nahm die Beleidigungen von Lensko persönlich und weigerte sich, einem Großprojekt zur Energiegewinnung zuzustimmen. Damit stand der Zweckverband in Frage – nur, weil ein Giftzwerg seine Zunge nicht in Zaum halten konnte.

040 Wie es bei Energievampiren oft der Fall ist, treten auch Giftzwerge nicht immer so deutlich in Erscheinung wie im Fall von Michael Lensko. Manchmal habe ich es mit einer geradezu philosophischen Giftzwergin zu tun. Über Brigitte Schuynean* sprachen viele ihrer Mitarbeiter nur hinter vorgehaltener Hand. «Sie überzieht Meetings um zwei, drei Stunden», mehr war über sie nicht zu erfahren. «Wir nennen sie die Meetingsvampirin.» Als ich an einer Zusammenkunft teilnahm, war selbst ich überrascht, wie vergiftet die Atmosphäre war. Vom ersten Wort an ließ Brigitte Schuynean keinen Zweifel daran, dass ihre Mitarbeiter inkompetente Idioten waren. Da nur sie den Durchblick hatte, war sie gezwungen, alle Themen im Detail zu erläutern, mit einer Stimme, die jedem Oberlehrer gut zu Gesicht gestanden hätte. Um mich herum scharrten die Leute vor Frust mit den Füßen, spielten an ihren Smartphones herum und bewiesen

damit ihrer Vorgesetzten, dass sie Recht hatte mit ihrer negativen Einschätzung. Da ich bereits wusste, dass in der Firma die Überstundenproduktion sehr hoch lag, fiel diese Zeitverschwendung doppelt ins Gewicht.

Typisch für jeden Energievampir ist das Streben, andere abzuwerten, um sich selbst zu erhöhen. Als Giftzwergin war die Methode von Brigitte Schuynean für ihre Opfer besonders schmerzhaft. Sie wusste, wo deren Schwachpunkte lagen. Begnügt sich eine Nervensäge mit endlosen Litaneien, zielen Giftzwerge gleich unter die Gürtellinie. Es war ein einziger Monolog, den Brigitte Schuynean über 40 Minuten lang hielt, und dabei bekam jeder sein Fett ab. Als das Meeting beendet war, verließen alle den Raum in der Haltung von Strafgefangenen. Selten hatte ich eine derart energielose Truppe zu Gesicht bekommen, während die Giftzwergin sichtlich zufrieden mit ihrem Auftritt war.

Zum Synonym für den Vampir in Mythen und Märchen unserer Welt wurde die Fledermaus. Das ist kein Wunder, denn als lautloses Nachttier, das sich auf unheimliche Weise mit Hilfe von Ultraschall, Echoortung und einem ausgeprägten Magnetsinn durch die Dunkelheit bewegt, weckt sie bei den Menschen archaische Ängste. Dazu leben Fledermäuse in gruftartigen Gewölben und Höhlen. Nur wenige Menschen wissen, dass sich von den 900 Fledermausarten auf unserer Erde nur ein ganz geringer Teil von Blut ernährt. *Vampyrus spectrum* zum Beispiel, die große Vampirfledermaus mit einer Flügelspannweite von 70 Zentimetern, lebt wie viele

Energievampire

andere Arten vegetarisch von Früchten. Die Fledermausart *Desmodus rotundus* ist dagegen tatsächlich auf Säugerblut aus. Sie tritt mitunter wie eine biblische Plage in Millionenzahlen auf. Da sie Tier- und Menschenseuchen wie Tollwut übertragen kann, ist die Furcht vor ihr verständlich. Beim Angriff schlägt sie mit messerscharfen Zähnen Löcher in die Haut, presst ihre Lippen auf die Wunden und leckt das Blut in ihre Speiseröhre. So überfallartig, wie Desmodus rotundus die Menschheit heimsucht, tritt der Energievampir vom Typ **Jammerlappen** auf. In unserer westlich geprägten Konsumgesellschaft kommt er sehr häufig vor. Das ist eigentlich verwunderlich, weil es uns im Vergleich mit anderen Menschen auf dieser Welt gut geht. Verständlich, dass sich ein Ausdruck fest eingeprägt hat: «Wir jammern auf hohem Niveau.» Und wir jammern viel. Jammern ist in allen Gesellschaftsschichten zum Volkssport geworden. Schreibt das Manager Magazin über den Gewinneinbruch in der Automobilbranche, wird genauso gejammert, wie wenn die FAZ das Ende der Steuersparfonds kommentiert. In der Sportberichterstattung, in der Kultur, in Kirchen und der Politik – eine Umfrage der Europäischen Union aus dem Jahr 2010 will herausgefunden haben, dass kein anderes Volk mehr jammert als wir Deutschen. Ob das tatsächlich zutrifft, lässt sich nicht sagen. Unbestritten ist aber die Tatsache, dass Jammerer von anderen Menschen Energie absaugen. Der Standard-Satz des Jammerers «Das hat noch nie funktioniert» bringt das Gegenüber in Erklärungsnot. Jetzt muss er selbst Energie aufbringen, um dem Jammerer darzulegen, dass es klappen kann: Wenn wir endlich mal wieder wie ein Team auftreten,

Erkennen Sie verschiedene Energievampir-Typen

wenn wir in die Gänge kommen, wenn wir unsere Chancen nutzen. Schnell wird der Tonfall schärfer, vor allem, wenn der Jammerer nachlegt, was er gern tut: «Ich glaub nicht dran.» Häufig bekomme ich von Opfern eines Jammerers zu hören: «Seit er/sie mir zugeteilt ist, brauche ich doppelte Energie. Energie für mich und Energie für ihn/sie.»

Im Dramadreieck Retter – Verfolger – Opfer nimmt der Jammerer eine klar definierte Position ein. Weil er weiß, weshalb etwas auf keinen Fall funktionieren kann, mutiert er zu einer Quelle der Hoffnungslosigkeit und spielt damit seine Karte als klassisches Opfer aus. Handeln ist ihm ein Gräuel, Rechtfertigungen hat er stets im Gepäck, Schuldzuweisungen gelingen ihm mustergültig. Warum verhält er sich so? Schauen Sie sich mal in Ihren Kreisen um: Jammerer bekommen stets Aufmerksamkeit. Der vermeintlich Ohnmächtige zieht alle Energie auf sich und erhöht sich gegenüber den Leistungsträgern. Und Jammern ist einfach. Nicht jeder ist zum Giftzwerg auserkoren, auch das Talent zur Nervensäge muss man erst mal haben. Jammern kann jeder. Sie können das, ich kann es auch. Jeder von uns hat schon gejammert. In diesem Club ist für viele Platz.

Dass wir unter erfolgreichen Menschen kaum Jammerer finden, leuchtet ein. Wer ein klares Ziel vor Augen hat und es mit Begeisterung und Disziplin verfolgt, ist nicht darauf geeicht, von anderen Menschen durch Jammern Energie zu gewinnen. Doch schon in der zweiten Führungsebene treffe ich auf viele Jammerer. Auch wenn sie es nicht bis nach oben schaffen, sind sie auf Kosten der Kollegen weit gekommen. Meist aber siedeln sich die typischen Jammerer weiter unten

Energievampire

an. Wie bei Rolf Kern*, der mir lang und breit erzählte, warum er als Verkäufer in mehreren Firmen scheitern musste. Nun war er seit einem Jahr arbeitslos, und seine halbherzige Jobsuche bestätigte täglich, was er eigentlich schon immer wusste: «Einen wie mich nehmen die nicht. Das kann nichts mehr werden.» Das klang nach fataler Resignation, doch es steckte eine Strategie dahinter. Schließlich haben wir in Deutschland ein engmaschiges Sicherheitsnetz geknüpft, aus dem Jammerer viel Energie beziehen – in Form von Geld, Beratung, eines offenen Ohres. Da ich es schon immer als Herausforderung sah, die Ursachen des Jammerns offenzulegen, hakte ich nach. Warum klappt die Jobsuche nicht? Rolf Kern – wie viele Jammerer – zögerte nicht, sich selbst an den Pranger zu stellen. Er sei zu alt, sein Englisch zu schlecht, sein Technikwissen nicht auf dem neuesten Stand. Umziehen käme aus tausendundeinem Grund nicht in Frage. Dazu hatte er die zweite Großstrategie des Jammerers im Repertoire: Schuld sind die anderen. In seinem Fall die Insolvenz der Firmen, in denen er gearbeitet hatte. Und nicht zu vergessen die sogenannten Umstände, zum Beispiel, dass heutzutage alles so schnell gehen muss! Man kommt ja gar nicht mehr zum Durchatmen. Und die Kollegen, die einem mobben, und überhaupt fährt jemand über kurz oder lang die ganze Chose an die Wand.

Jammerer haben unendlich viele Alibis, warum es nicht klappt. Bei der ganzen Litanei sah mich Rolf Kern so gut wie nie an. Der Energievampir Jammerer scheut den Blickkontakt, während ein Giftzwerg ihn geradezu sucht.

Erkennen Sie verschiedene Energievampir-Typen

Ein wenig aus der Art geschlagen zeigte sich Energievampirin Greta Jenssen* bei unseren ersten Gesprächen. Sie war eine ruhige Frau, die lange Jahre bei ihrem Arbeitgeber, einer Krankenkasse, die Hierarchien durchstiegen hatte. Mir kam sie leblos vor, und genauso formulierte sie es. «Ich bin völlig isoliert», beschrieb sie ihre Situation. Vor einem Vierteljahr war ihr betrieblich bedingt gekündigt worden, seit dieser Zeit hatte sie nichts unternommen. Bald stellte sich heraus, dass sie keinerlei Netzwerke hatte. Sie hatte sich das Leben immer leicht gemacht, und offenbar hatte das beim bisherigen Arbeitgeber auch gut geklappt. Nun war diese Stütze weggebrochen, und Greta Jenssen schlüpfte nahtlos in die Rolle des Opfers. Sie gehörte zu den Jammervampiren, die der allgemeinen «Verschwörung» die Schuld an ihrem Scheitern geben. Verschwörungstheorien sind ein beliebtes Alibi, weil sie nicht erklärt werden müssen. Wobei es Jammerer gibt, die selbst in diesem Bereich eine Kunstfertigkeit entwickelt haben und die ein so komplexes Verschwörungsnetz ausbreiten können, dass es Welten und Zeiten umspannt. Diese Fantasie besaß Greta Jenssen nicht. Trotzdem war für sie klar, dass finstere Mächte am Werk gewesen waren, um sie aus ihrer Stelle zu drängen. Anschließend hatten dieselben Mächte dafür gesorgt, dass sie keinen neuen Job fand. Dabei hatte sie nicht eine einzige Bewerbung abgeschickt. Sie wollte aber auf keinen Fall einsehen, dass ohne eigene Bemühung der Erfolg ausbleiben muss. Dass man einen Sieger bereits am Start erkennt und einen Verlierer auch, trifft besonders auf Jammerer zu. Für sie bleibt ein Nein immer ein Nein, während Gewinner

Energievampire

daraus ein Ja machen wollen. Jammerern fehlt diese Eigeninitiative. Da sie nicht nachfragen und nachhaken, bewegen sie sich schon auf der Verliererstraße. Dennoch führen Jammerer kein schlechtes Leben. Im Gegenteil. Man kümmert sich um sie. Man bedauert sie. Man teilt die Meinung, dass es nicht funktionieren kann. Aus den Bestätigungen gewinnt der Jammerer seine Energie, während er seine Opfer schlapp und apathisch zurücklässt.

Ein besonderer Fall ist der Energievampir vom Typ **Besserwisser**. Zum einen gibt es den Besserwisser, der tatsächlich viele Dinge besser weiß als wir selbst. Wenn wir von ihm lernen dürfen, ist alles in bester Ordnung. Häufiger ist aber der Energievampir Besserwisser, der nur behauptet, etwas zu wissen. Solche Menschen sprechen mit einer klaren Selbstverständlichkeit über Dinge, von denen sie keine Ahnung haben. Viele von ihnen sind felsenfest davon überzeugt, dass ihr behauptetes Wissen stimmt. Das bringt uns in eine verzwickte Lage. Denn kaum einer schafft es so gut wie der Besserwisser, Mitmenschen, Kollegen und Untergebene zu verunsichern: Egal, was Sie sagen – er weiß es besser. Egal, wo Sie waren – er war auch dort gewesen, natürlich lange vor Ihnen. Dabei hat er alles besser, tiefgründiger und umfassender erforscht und gesehen. Sie haben eine gute Idee? Die hatte er auch schon, selbstverständlich viel cleverer. Ihnen fiel ein Verbesserungsvorschlag ein? Der taugt nichts, weil der Besserwisser – Sie erraten es – einen pfiffigeren auf Lager hat. Als ob das nicht genügt, legen manche Besserwisser einen hohen Grad an Aggression an den Tag. Gern würzen sie ihre Besserwisserei mit Vorwürfen. Der Satz «Schalten Sie erst mal Ihr Gehirn an, bevor Sie den Mund aufmachen» kommt dem Besserwisser gerne über die Lippen. Damit macht er uns klar, dass sein Gehirn stets eingeschaltet ist, 24 Stunden am Tag, sieben Tage die Woche. Deshalb hat alles, was er sagt, Hand und Fuß – und benötigt keine weitere Überprüfung von Ihrer Seite.

Der Besserwisser lebt in der Angst, dass wir ihm auf die Schliche kommen. Nichts fürchtet er mehr, als sein Gesicht zu verlieren. Deshalb wird er verbal alles tun, um zu verhindern, dass man seine Worte als das entlarvt, was sie sind: heiße Luft. Nun ist das Überprüfen von Wissen im Zeitalter von Wikipedia ja leicht möglich. Jede Art von Informationen liegt nur einen Knopfdruck von uns entfernt. Aus diesem Grund haben sich Besserwisser eine ausgefuchste Strategie zurechtgelegt. Von ihnen hört man keine Sätze wie «Beira ist die Hauptstadt von Mosambik», wenn ein paar Mausklicks genügen, um herauszufinden, dass sie Maputo heißt. So einfach macht er uns die Sache nicht. Statt dessen schwelgt der Besserwisser in Generalisierungen: Aussagen, die schwammig bleiben, die nie auf den Punkt kommen, mit viel Wenn und Aber gewürzt werden, stets weit ausholen, um das Problem von Adam und Eva an aufzurollen. Ihre Art zu sprechen ist eine Kunstform. Wir bekommen sie häufig bei Politikern zu hören, die vor Kameras minutenlang ohne Punkt und Komma reden können und dabei nichts sagen. Arbeiten Sie mit einem Besserwisser zusammen, müssen Sie seine Unfähigkeit zum klaren Wort ausbaden. Er lässt sie in einem Vakuum zappeln, wird täuschen und tarnen und Sie zutiefst verunsichern.

Energievampire

Einer der am weitesten verbreiteten Energievampire ist der **Machtmensch**. Das wissen wir nicht erst, seit die Serie «Stromberg» die brachiale Seite des Büroalltags in die Wohnzimmer brachte. Dem Machtmenschen können Sie nicht aus dem Weg gehen, denn er geht Ihnen nicht aus dem Weg. Schließlich leidet er nicht gerade an mangelndem Selbstvertrauen. Er weiß alles und macht alles richtig. Sein Lebensproblem ist, dass ihm keiner das Wasser reichen kann: Die anderen können nichts, und wenn sie schon mal was tun, machen sie es falsch. Daher lautet einer seiner Standardsätze: «Jetzt sage ich Ihnen, wie's gemacht wird!» Dadurch wird jedes kollegiale Verhältnis verhindert. Doch damit ist der Energievampir Machtmensch keineswegs zufrieden. Da ihm selbst kleine Fehler oder Unklarheiten ein Gräuel sind, fühlt er sich gezwungen, mit dem vermeintlichen Schlendrian gnadenlos aufzuräumen. Er hat dabei ein klares Ziel vor Augen – zum Beispiel seine eigene Karriere –, und auf dem Weg dorthin macht er ohne viel Federlesens andere Mitarbeiter fertig. Wer sich einem Machtmenschen in den Weg stellt, wird automatisch in den Kampf verwickelt.

Diesen Kampf kann man nur verlieren, denn der Machtmensch wählt die Zuspitzungsstrategie. Mit anderen Worten, er lässt den Konflikt auf klassische Weise eskalieren. Er und sein Gegenpart haben einen unterschiedlichen Standpunkt. Die Meinungen prallen aufeinander. Beim Partner besteht die Überzeugung, die Meinungsverschiedenheit durch Gespräche lösen zu können, doch daran ist der Machtmensch nicht interessiert. In der folgenden Debatte polarisieren die Meinungen. Der Machtmensch denkt von Anfang an

Erkennen Sie verschiedene Energievampir-Typen

schwarz-weiß. Es geht ihm nicht um die Sache, sondern um den Status. Für ihn ist wichtig, sich seinem Gegenüber überlegen zu fühlen. Da hilft Reden nicht – für ihn müssen Taten sprechen. Er wählt die Strategie der vollendeten Tatsachen. Geht sein Gegenüber jetzt ebenfalls in den Kampf, manövrieren sich beide in negative Rollen. Sie werben um Anhänger, doch der Machtmensch ist einen Schritt voraus, da er seine Truppen zusammenhält. Nun versuchen die Streithähne, durch Drohungen und Angriffe gegenseitigen Gesichtsverlust zu erzielen. Der Machtmensch setzt ein Ultimatum und beschleunigt die Konfliktsituation. Mittlerweile sieht er den Gegner nicht mehr als Mensch – falls er das jemals getan hat. Selbst ein eigener Schaden wird von ihm als Gewinn bewertet, sofern dieser geringer ausfällt als der des Gegners. Somit nimmt der Machtmensch die Zerstörung seines Gegenparts in Kauf, und es kommt zur totalen Konfrontation.

Nicht immer passiert diese Zuspitzung, weil Gegner eines Machtmenschen vorher die Segel strecken. Stoßen aber Machtmensch und Machtmensch aufeinander, gibt es kein Halten: Dieser Konflikt kann ein Unternehmen in den Abgrund ziehen.

Für den externen Berater ist der Machtmensch eine Herausforderung, schließlich braucht er keine Beratung. Wie bei Jolanta Kessler*, die sich in einer Firma aus der IT-Branche zur erfolgreichen Führungskraft hochgearbeitet hatte. Es war ihr gelungen, innerhalb von vier Jahren ein Win-Win orientiertes Team zu entwickeln. Allen machte die Arbeit Spaß. Jolanta mahnte im Kreis der anderen Führungskräfte immer wieder neue Akquise an. Ihr Chef – ein ausgesprochener

Energievampire

Machtmensch – hatte dafür kein Ohr. Als das Projekt auslief, forderte er sie auf, ihren Mitarbeitern zu kündigen. Gleichzeitig bürdete er ihr umfangreiche Mehrarbeit auf, um den Druck zu erhöhen. Seine Strategie ging auf: Von Tag zu Tag wurde Jolanta angespannter und kam morgens schon müde ins Büro. Die Frage «Wen soll ich entlassen?» entwickelte sich zu ihrer Hauptaufgabe. Als eines Tages eine ihrer Mitarbeiterinnen zwei Stunden lang privat telefonierte, reagierte sie anders, als sie es normalerweise getan hätte, und wies die Frau in harschem Ton zurecht. Von nun an änderte sich die Stimmung im Team. Alle wussten von drohenden Entlassungen. Jolanta, die bisherige «Team-Beschützerin», wurde zum Buhmann. Das passte in die Strategie, die ihr machtgieriger Chef verfolgte. Immer mehr Leute aus dem Team wurden bei ihm vorstellig, um sich über Jolantas «schlechten Führungsstil» zu beschweren. In einem großen Meeting stellte er sie an den Pranger. Bei Jolanta löste das ein Trauma aus, also eine Verletzung, die immer wieder neu erlebt werden kann, mit allen körperlichen und physischen Auswirkungen. Sie wurde krank, und aus einer motivierten Führungskraft war eine selbstzweifelnde Frau geworden. Ihrem Chef war gelungen, was jedem Machtmenschen wichtig ist: andere klein zu halten. Das erleben wir in der Politik häufig öffentlich, während in der Wirtschaft diese Machtspiele nur bekannt werden, wenn sie das Unternehmen gefährden.

Ein interessanter Fall ist der sogenannte Machtmensch der Bequemlichkeit. Ihn finden wir häufig in Chefetagen. Ich erinnere mich an einen Fall in einer der größten Werbeagenturen Deutschlands. Der Kreativdirektor ruhte sich seit Jahren auf seinen Lorbeeren aus und wurde zum geschäftsschädigenden Verhinderer. Als Machtmensch in Reinkultur war er nicht bereit, seinen Posten zu räumen. Ganz im Gegenteil, es gefiel ihm, jeden Tag die Marionetten tanzen zu lassen. Selbst als die Firma aus der Top Ten der erfolgreichsten Agenturen fiel, machte er weiter. In dieser Zeit kündigte die gesamte zweite Führungsebene – also die Leute, welche die eigentliche Arbeit erledigten. Am Ende musste die Agentur mit großen Verlusten verkauft werden.

Auch in der quirligen IT-Branche lebt so mancher Chef seine Bequemlichkeitsmacht aus. Manuela Breuning* wurde eingestellt, um in der Qualitätsabteilung durch neue Ideen kundenorientierte Prozesse zu schaffen. Hochmotiviert legte sie los wie die Feuerwehr – um nach ein paar Wochen zu festzustellen, dass sie gegen Wände lief. Ihr Vorgesetzter sagte zu allen Vorschlägen ja – doch umgesetzt wurde nichts. In ihr stieg von Tag zu Tag das Gefühl der Ohnmacht. Gleichzeitig machte sie sich Sorgen um den eigenen Job. Schließlich war sie eingestellt worden, um Ergebnisse zu liefern. Sollte sie die Hierarchie umgehen und sich an den Chef ihres Vorgesetzten wenden? Sollte sie sich selbst bequem zurücklehnen? Sollte sie einen Kampf ausfechten? Das war die Situation, in der sie sich ratsuchend an mich wandte.

Alle hier genannten Energievampire – die Nervensäge, der Angsthase, der Choleriker, der Giftzwerg, der Jammerlappen, der Besserwisser und der Machtmensch – haben ihre ausgeprägten spezifischen Eigenarten. Doch immer häufiger

Energievampire

sprechen die Teilnehmer meiner Seminare sowie Menschen, die ich coache, von sogenannten Mischtypen. Der Besserwisser, der gleichzeitig Machtmensch ist und zum Choleriker neigt. Der Giftzwerg, der nicht nur alle Leute seiner Umgebung piesackt, sondern gleichzeitig der Erste ist, der weiß, dass es nicht funktionieren kann. Der Jammerlappen, der ausflippt, wenn keiner auf ihn hört. Ich nenne diese Menschen Multivampire – wenn Sie so wollen, verkörpern sie die moderne Form des Draculas. Ihnen beizukommen, bedarf unserer besonderen Aufmerksamkeit.

Bevor wir auf Strategien zur Bekämpfung von Energievampiren sprechen, kommen wir zu einem heiklen Thema: Wenn es so viele Energievampire gibt, wo stehen eigentlich wir? In anderen Worten: Rauben wir selbst ebenfalls unseren Mitmenschen Energie? Wer in der Lage ist, Mängel bei sich selbst zu erkennen und zu beheben, wird in der Lage sein, mit dem cholerischen Chef und dem jammernden Mitarbeiter auszukommen. Wie es der Volksmund so schön sagt, sollten wir erst vor der eigenen Haustür kehren. Deshalb lade ich Sie ein, im nächsten Kapitel einen Energievampirtest zu machen.

!
- Nervensägen trainieren Ihre Ausdauer und Ihre gesunde Abgrenzung.
- Angsthasen fördern Ihre Kreativität für Vertrauensaufbau.
- Choleriker enttarnen die Motive, die Ihre eigene Harmonie behindern.
- Giftzwerge trainieren Ihre Flexibilität, Gift und Geschenk zu unterscheiden..
- Jammerlappen schulen Ihr eigenes Schuldgefühl. Rechtfertigen Sie sich, oder jammern Sie selbst mit, um dazuzugehören?
- Besserwisser üben Ihre perfekte Vorbereitung. Wer wahrt am Ende das Gesicht? Wird es ein Kopf an Kopf-Rennen? Wer hat das bessere Argument?
- Machtmenschen sorgen dafür, dass sie spielerisch Ihre Win-Win-Lösungen schulen.

Bin ich ein Energievampir?

«Wer andere kennt, ist klug –
wer sich selbst kennt, ist weise.»

Laotse

Stellen Sie sich bitte einmal eine Fledermaus vor. Kaum ein Tier auf dieser Welt hat ein so sensibles Wahrnehmungsvermögen für seine Umwelt. Machen Sie sich diese Fähigkeit zunutze und spüren Sie in sich selbst hinein: Wie reagieren Sie auf folgende Situationen? Bitte kreuzen Sie spontan eine Aussage an.

1. *Ein Mitarbeiter macht einen Fehler, den er nicht hätte machen dürfen.*
a) Sie stauchen ihn zusammen.
b) Sie haben Verständnis und erklären ihm den Fehler.
c) Sie klagen darüber, dass Sie von Idioten umgeben sind.
d) Sie korrigieren den Fehler selbst, weil Sie wissen, dass er es nicht kann.

2. *Ein Kollege intrigiert gegen Sie bei Ihrem Vorgesetzten.*
a) Sie überlegen sich, wie Sie dem Kollegen eins auswischen.
b) Sie setzen sich sachlich mit ihm auseinander.
c) Sie fotografieren ihn bei der nächsten Betriebsfeier in einer unpässlichen Situation und veröffentlichen das Foto auf Facebook.
d) Sie schreien das Büro zusammen.

Energievampire

3. *Ihr Team erhält eine Aufgabe, die alle ziemlich fordern wird.*
a) Sie wissen jetzt schon, das wird nichts.
b) Sie freuen sich darüber und machen das Beste daraus.
c) Man hört Sie überall über die Belastung fluchen.
d) Sie geben den Druck an Leute weiter, die Ihnen zuarbeiten.

4. *Sie werden von Ihrem Chef unsachlich kritisiert.*
a) Auf die Gelegenheit haben Sie schon lange gewartet. Sie nehmen den Kampf an.
b) Sie bitten um ein Gespräch, weil Sie die Kritik für ungerechtfertigt halten.
c) Sie machen höhere Vorgesetzte anonym auf seine Fehler aufmerksam.
d) Sie beklagen sich zu Hause bei Ihrer Familie, was für einen miesen Job Sie haben.

5. *Sie müssen noch mehr Überstunden schieben.*
a) Sie sammeln Ihre Truppen und planen die Revolution.
b) Sie prüfen, ob man Sie anderweitig entlasten kann.
c) Ab heute sind Sie krank.
d) Dafür haben Sie absolut kein Verständnis, weil Sie wissen, dass es an der schlechten Organisation der Firma liegt.

6. *Ein Mitarbeiter kommt ständig zu spät.*
a) Sie lassen ihn vor versammelter Mannschaft auflaufen.
b) Sie fragen nach dem Grund.
c) Sie schreien ihn so laut an, dass man es in allen Stockwerken mitbekommt.

d) Sie jammern darüber, dass manche Leute einfach tun, was sie wollen.

7. *Einer Ihrer Mitarbeiter beklagt sich darüber, dass Sie ihn zu wenig informieren.*
a) Ab heute bekommt er täglich hunderte E-Mails cc.
b) Sie sprechen mit ihm darüber, wie man den Informationsfluss verbessern kann.
c) Sie machen ihm klar, dass intelligente Mitarbeiter sich die Informationen beschaffen, die sie brauchen.
d) Sie sind der Meinung, er soll auch gar nicht alles wissen.

8. *Ihr Chef drückt sich vor Entscheidungen.*
a) Sie sorgen mittels Flurfunk dafür, dass jeder erfährt, was für eine Flasche er ist.
b) Sie fragen, was Sie dazu beitragen können, damit er zu einer Entscheidung kommt.
c) Da Sie es ohnehin besser können, entscheiden Sie selbst.
d) An dieser Situation können Sie einfach nichts ändern.

9. *Einer Ihrer Kollegen weiß immer alles besser.*
a) Sie geben kontra und widerlegen seine Aussagen Punkt für Punkt.
b) Sie bitten höflich aber entschieden darum, dass er sich zurückhält.
c) Sie sagen nichts, weil es doch keinen Sinn hat.
d) Sie fangen an zu brüllen, denn Lautstärke gewinnt.

Energievampire

10. *Einer Ihrer Kollegen fährt ständig aus der Haut.*
a) Sie kündigen.
b) Sie entspannen sich, in dem Sie tief ein- und ausatmen. Dann sagen Sie nur ein Wort: «Stopp!»
c) Sie ziehen sich in Ihr Schneckenhaus zurück.
d) Sie denunzieren ihn beim Chef.

Wenn Sie Ihr Kreuzchen zehn Mal bei **b** gesetzt haben, sind Sie davor gefeit, als Energievampir anderen das Leben schwer zu machen. Das gelingt allerdings nur wenigen – und ich nehme mich keinesfalls aus. Schließlich drücken Energievampire bei uns genau die Knöpfe, die uns selbst zum Vampir machen: «So, Sie wissen das also? Jetzt sage *ich* Ihnen mal, wo's lang geht.»

Die idealen b-Antworten werden wir dann ankreuzen, wenn wir uns ausgiebig mit Strategien zum Umgang mit Energievampiren beschäftigt haben. Weil wir dabei erfahren, in den Mokassins unserer Gegenüber zu gehen, lernen wir unseren eigenen Energievampir zu bändigen. Eines zeigen die b-Antworten jetzt schon: Die Strategie der drei F – Fight, Flight und Freeze sind keine idealen Vorgehensweisen.

Fight bedeutet, in den Kampf zu gehen, Flight ist Flucht, Freeze ängstliches Verharren, bei dem die Muskulatur mitunter völlig verkrampft. Alle drei Muster sind in uns verankert, sie schützten und schützen uns auch heute noch vor Gefahren. Über den Kampf haben wir schon gesprochen, er kostet beide Parteien Energie, und sein Ausgang ist ungewiss. Flucht kann manchmal die richtige Strategie sein, wird sie aber zur Gewohnheit, befinden wir uns bald auf der Verliererseite, da sie

Bin ich ein Energievampir?

den Konflikt nicht ausräumt. Freeze ist in unserer modernen Gesellschaft der Alltag: Wir ziehen den Kopf ein, spannen die Muskeln an, schütten Adrenalin aus und tun alles, um uns für Kampf oder Flucht vorzubereiten – was dann beides nicht passiert. Stattdessen hören wir uns sagen: «Da mach ich lieber mal nichts» oder «Ich werde mir doch nicht die Finger verbrennen.» Es handelt es sich in Wahrheit aber gar nicht um «Nichtstun», denn der Körper hat schon etwas getan – und bleibt in der Anspannung. Passiert das häufiger, kommt es zu physischen Schmerzen und psychischen Beschwerden. Was Sie statt «einzufrieren» tun können, lernen Sie im folgenden Kapitel. Eines sei jetzt schon gesagt: Eine unserer Aufgaben ist es, zu akzeptieren, dass wir den anderen Menschen nicht ändern können. Vielleicht können wir bei ihm jedoch Potenzial wecken, das er bisher nicht abgerufen hat. Daher sind wir in der Pflicht, die Verantwortung bei uns selbst zu suchen: für unsere Gefühle, für die Knöpfe, die bei uns gedrückt werden können, für unsere Reaktionen darauf. Wenn Sie mit diesen Grundregeln einverstanden sind, steht Ihrer Karriere als Energievampirjäger nichts mehr entgegen.

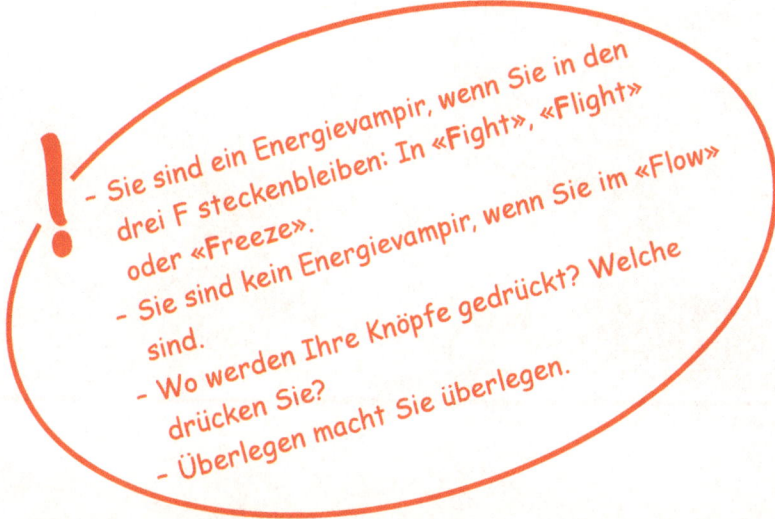

! - Sie sind ein Energievampir, wenn Sie in den drei F steckenbleiben: In «Fight», «Flight» oder «Freeze».
- Sie sind kein Energievampir, wenn Sie im «Flow» sind.
- Wo werden Ihre Knöpfe gedrückt? Welche drücken Sie?
- Überlegen macht Sie überlegen.

Sieben Strategien zum Umgang mit Energievampiren

Tilmann Bohn, die Nervensäge. Gregor Schramm, der Angsthase. Randolf Kreisler, der Choleriker. Die beiden Giftzwerge Michael Lensko und Brigitte Schuynean. Der Jammerlappen Rolf Kern und sein weibliches Pendant Greta Jenssen. Unzählige Besserwisser und Machtmenschen – sie alle stehen stellvertretend für Mitarbeiter, Vorgesetzte, Nachbarn, Verwandtschaft und Bekannte, die uns das Leben schwer machen. Im Webster's Dictionary, einem weitverbreiteten Wörterbuch für den englischsprachigen Raum, finden wir 4.377 Ausdrücke, die schwierige Charaktere beschreiben. Dabei stellen wir immer wieder fest, dass diese Energievampire nur bei uns Knöpfe drücken – der Kollege hingegen kann's ganz gut mit dieser Nervensäge von Chef, die Kollegin kommt prima mit dem Angsthasen klar.

Das «Knöpfe drücken» ist also individuell angelegt. Klar, fast das ganze Büro leidet unter dem Choleriker. Trotzdem gibt es da einige, die diesen schwierigen Charakter im Griff haben. Er traut sich nicht, bei ihnen in die Luft zu gehen. Sieht man die Sache genauer an, brüllt er immer dieselben Leute zusammen.

Wir sind also nicht nur umgeben von Energievampiren, wir sind umgeben von Menschen, bei denen sich schwierige Cha-

Energievampire

raktere zurückhalten. Warum das so ist? Weil der Vampir eine gute Antenne dafür hat, bei wem er sich was erlauben darf. Mit anderen Worten gesagt: Energievampire piesacken die Menschen, die sie dazu einladen. Vielleicht lesen Sie das jetzt nicht so gern. Vielleicht werden bei Ihnen nun ein paar Knöpfe gedrückt? «Wie bitte, ich soll daran schuld sein, dass dieser Jammerlappen sich bei mir ausheult?» Die Antwort lautet ja, wobei ich nicht von Schuld sprechen möchte. Sehen Sie es im Umkehrschluss positiv: Strategien zum Umgang mit Energievampiren sind Einschränkungs-Strategien. Wir sind mit ihrer Hilfe in der Lage, jeden Energievampir in seine Schranken zu weisen.

Um im Bild der Vampirwelt zu bleiben, habe ich allen Strategien einen passenden Namen verliehen. So spreche ich bei der Nervensäge von der Spiegelbildstrategie. Vielleicht erinnern Sie sich an Vampirfilme: Für den Untoten ist der Blick in den Spiegel sein Untergang. Dem Angsthasen begegne ich mit der Kruzifixstrategie, dem Choleriker mit einer Stoppstrategie. Beim Giftzwerg wird die Energie umgeleitet und der Jammerlappen wird mit der Knoblauchstrategie bearbeitet. Beim Besserwisser kommt die Sargstrategie zum Einsatz, beim Machtmenschen die der Fledermaus.

Sieben Strategien zum Umgang mit Energievampiren

!
- Es gibt kein Einzelrezept zum Umgang mit Energievampiren.
- 4377 Ausdrücke für schwierige Charaktere im Webster's zeigen: Es gibt viele sogenannte Multivampire.
- Umso wichtiger ist es für Sie, den Spiegel, das Kruzifix, das Stopp-Schild, den Knoblauch, die Energieumleitung, die Sarg- oder die Fledermausstrategie parat zu haben.

Über den Umgang mit Nervensägen

«MUSS ich mir das jetzt nochmal anhören?»

Menschen vom Typus «Nervensäge» begegnen wir dadurch, indem wir Ihnen Eigenverantwortung und Wahlfreiheit bewusst machen. Die Nervensäge fühlt sich oft fremdbestimmt. Wir machen ihr – und damit auch uns – das Leben leichter, wenn wir ihr durch die Wahlfreiheit «love it – leave it – change it» die eigene Macht zur Problemlösung ins Bewusstsein rücken.

«Love it – leave it – change it»: Dahinter verbirgt sich eine mächtige Waffe. Wir haben bei jeder Entscheidung drei Wahlmöglichkeiten. «love it» bedeutet, wir akzeptieren die Situation wie sie ist, ohne Wenn und Aber. Das gelingt nicht immer, denn manchmal taucht ein kleines «Aber!» auf. Dann bewegen wir uns schon im Bereich von «change it»: Wir können die Situation doch nicht so rückhaltlos lieben, wie es «love it» verlangt. Aber vielleicht können wir Sie verändern? Fragen wir uns also, was in unserem persönlichen Einflussbereich liegt und was nicht. Ist ein «change it» nicht möglich, bleibt die dritte Wahlmöglichkeit: «leave it». Dabei handelt es sich um eine vollständige Trennung – und vollständig meint in diesem Fall auch eine Trennung auf der Gefühlsebene.

Energievampire

Wenn wir der Nervensäge dabei helfen, diese Wahlmöglichkeiten zu leben, helfen wir uns selbst, denn wir sind im selben Prozess. Wir haben uns gegen ein «love it» der Nervensäge entschieden – das ging einfach nicht. Stattdessen versuchen wir es mit einem «change it». Wobei wir nicht den Mensch Nervensäge ändern – wir wissen bereits, dass wir einen anderen Menschen nicht ändern können, sondern nur uns selbst. Also wollen wir eine Veränderung seiner Nervensägen-Wahrnehmung herbeiführen. Falls wir irgendwann merken, das klappt nicht, kommt «leave it» zum Zug: Wir trennen uns von der Nervensäge.

So weit sind wir noch nicht. Wir wollen ein «change it». Dazu kommen Sie, wenn Sie der Nervensäge aktiv dabei helfen, Hindernisse auf dem Weg zur Entscheidung wegzuräumen. Rufen Sie in Erinnerung, dass Menschen, die nicht entscheiden, trotzdem entscheiden: nämlich, dass andere über sie entscheiden. Will die Nervensäge die Macht der Entscheidung wirklich abgeben? Diese Frage wird häufig mit nein beantwortet. Schon sind Sie einen Schritt weiter. Außerdem helfen Sie der Nervensäge, indem Sie die indirekten Botschaften ihres Problems heraushören. Was hat sie wirklich auf dem Horizon, was macht den Menschen zur Nervensäge? Dazu wenden Sie Ihr Talent des Zuhörens an. Damit meine ich das richtige Zuhören, ich nenne es gerne: das Diamanthören. Diamanthören umschreibt eine aktive Tätigkeit, keine passive. Das heißt, Sie sind mit dem ganzen Körper anwesend, wenden ihn offen dem Sprechenden zu. Automatisch nehmen Sie seine Körpersprache an – damit haben Sie

Über den Umgang mit Nervensägen

die gleiche Wellenlänge. Das allein ist schon ein Fortschritt, denn bisher hatten Sie mit der Nervensäge nichts gemeinsam. Diamanthören bedeutet auch, die richtigen Fragen zu stellen und es wirklich wissen zu wollen. Damit geben Sie der Nervensäge eine Bestätigung, was sie empfindet. Vielleicht realisiert sie nun, hoppla, ich bin ja gar nicht so allein auf weiter Flur. Das ist häufig der springende Punkt: Energievampire sind deshalb Energievampire, weil sie sich von der Welt abgeschnitten fühlen. Daher gieren sie nach der Energie ihrer Mitmenschen.

Diamanthören birgt noch weitere Überraschungen: Weil wir uns dem Gesprächspartner zuwenden, sehen wir ihm in die Augen. Nun sind die sogenannten Spiegelneuronen in der Lage, miteinander zu kommunizieren. Spiegelneuronen sind ein Resonanzsystem im Gehirn. Sie übertragen Gefühle und Stimmungen anderer auf uns, wenn wir diese Menschen beobachten. Kürzlich fanden Familientherapeuten heraus, warum sich bei kriselnden Ehen die Situation von Tag zu Tag verschlimmert: Weil die Partner aneinander vorbeisehen, haben Spiegelneuronen keine Chance mehr, Kontakt aufzunehmen. Es kann keine Empathie mehr aufkommen. Auch die Nervensäge kennt das: Weil sie nervt, schauen die Leute weg. Hier betreiben wir aktives «change it», weil wir das Gesicht nicht abwenden.

Wenn Sie durch Diamanthören das unbewusste Problem der Nervensäge herausgefunden haben, stellen Sie vielleicht fest, dass Sie ein Teil des Problems sind. Das könnte der Grund

Energievampire

sein, weshalb die Nervensäge ausgerechnet Sie nervt, die Kollegen aber nicht. Verstärken Sie nun das «change it»: Fragen Sie nach, wo Sie persönlich helfen können und was die Bedingungen für diese Zusammenarbeit sind. Der zweite Halbsatz ist wichtig: Bedingungen sind Spielregeln – diese sollten wir kennen, bevor wir uns auf ein neues Spiel einlassen.

Was hat das alles mit der oben genannten Spiegelbildstrategie zu tun? Diamanthören macht die Probleme bewusst. Es führt uns in die Eigenverantwortung und lässt uns Wahlfreiheit nutzen. Das sind alles erfolgsversprechende «change it»-Taktiken. Sie sorgen dafür, blinde Flecken auf dem Spiegelbild der Nervensäge zu entfernen. Blickt die Nervensäge nämlich in den Spiegel, sieht sie nicht, was sie sehen will – was jeder von uns sehen möchte: einen glücklichen, zufriedenen und ausgeglichenen Menschen. Durch «change it» tragen wir dazu bei, diese blinden Flecken nach und nach zu beseitigen. Gelingt es, werden Sie staunen, wie schnell die ehemalige Nervensäge zu einem Ihrer besten Kollegen wird!

Über den Umgang mit Nervensägen

!
- Wählen Sie bewusst – «Love it – Leave it – Change it».
- Durch Diamanthören erkennen Sie das wirkliche Bedürfnis der Nervensäge.
- Nutzen Sie wie die Fledermaus die intuitive Wahrnehmung für neue Lösungen.
- Gehen Sie in Schwingung mit Angriffsemotionen und wandeln Sie diese in Energiegeschenke um.

Über den Umgang mit Angsthasen

«Ich kann nicht so einfach JA sagen.»

Wovor haben wir eigentlich Angst? Mit der Beantwortung dieser Frage lassen sich Bücher füllen, und dann ist sie immer noch nicht vollständig beantwortet. In meinem Berufsalltag werde ich mit einer Vielzahl von Ängsten konfrontiert – Angst vor Versagen, Angst vor der Konfrontation und Verlustängste sind nur einige davon. Da ist es gut, sich erst einmal darüber klar zu werden, dass Angst grundsätzlich nichts Negatives ist. In der Entwicklungsgeschichte des Menschen waren Ängste dafür da, ihn vor den Gefahren seiner Umgebung zu schützen: «Ist diesen Weg schon jemand gegangen?», fragte unser Urahn, als er mit der Keule bewaffnet zur Jagd aufbrach. Wenn ja, holte er sich die nötigen Informationen ein: Wo lauern die Gefahren? Bin ich in der Lage, sie zu meistern? Mache ich besser einen Umweg? Oder suche ich mir eine Begleitung?

Sie sehen: Angst diente dazu, die bessere Entscheidung zu treffen. Unser keulentragender Urahn bewegte sich in Eigenverantwortung und Wahlfreiheit. Durch seine Ängste wählte er seiner Alternativen mit höchster Sorgfalt. Doch eines war ihm klar: Der Magen bleibt leer, falls er sich zu keiner Entscheidung durchringen kann. Das ist in unserer modernen Gesellschaft oft nicht mehr nötig. Wir haben

Energievampire

vielmehr ein engmaschiges Netz an «Ich-gebe-meine-Verantwortung-ab»-Strategien geknüpft, und der Magen bleibt trotzdem nicht leer. Das ist das Problem des Angsthasen. Im Grunde genommen ähnelt er dem umsichtigen Urahn mit all seinen Bedenken – aber er schafft den Schritt nicht, sich dennoch aufzuraffen, um auf die Jagd zu gehen. Warum auch? Sein Magen wird gefüllt sein, dafür sorgen andere Menschen. Dafür sorgen wir.

Sie aber brauchen Zusagen, auf die Sie sich verlassen können. Sind Sie im Flow von «love it – change it – leave it»? Gut, denn lieben können Sie das Verhalten des Angsthasen nicht. Was ist mit «leave it»? «Wegen dem die Firma verlassen, soll das ein Witz sein?», höre ich Sie sagen. Sie haben Recht. Bleibt eine Strategie übrig, das bewährte «change it».

Wie können wir den Angsthasen zum Vertrauen in sich selbst führen? Als Erstes honorieren Sie seine Ehrlichkeit. Werden Sie sich bewusst darüber, dass Angst keine Schande ist, und machen Sie ihm das klar. Und mal ehrlich: Wer von uns hat keine Ängste? Nur haben wir den Vorteil, dass unsere Spinnenphobie das Weiterkommen im Unternehmen nicht hindert, und die Höhenangst in den meisten Fällen auch nicht. Sie haben Angst vor engen und geschlossenen Räumen? Kein Grund zur Sorge, weil Sie clever genug sind, seit Jahr und Tag das Treppenhaus zu benutzen und als Zusatznutzen Ihren Körper zu trainieren. Der Angsthase hat es ungemein schwerer: Seine Angst ist die Angst vor dem Unbekannten. Eine Entscheidung zu treffen führt ins Unbekannte. Eine Aufgabe zu übernehmen führt ins Unbekannte. Einen neuen Kollegen

Über den Umgang mit Angsthasen

ins Team zu integrieren führt ins Unbekannte. Für ihn gibt es kein alternatives Treppenhaus an Stelle des Aufzugs. Er wird vor Angst erstarren und das tun, was Sie vom Angsthasen kennen, nämlich nichts.

Ich nenne die Strategie beim Energievampir Angsthase Kruzifixstrategie, weil wir mit ihr Positives bewirken: Wir vertreiben unnötige Ängste und stärken den Glauben und die Hoffnung. Mit anderen Worten, wir bauen das Vertrauen des Angsthasen in sich selbst auf. Nun wissen wir, dass Vertrauen in einen Menschen immer auf drei Säulen beruht. Wir sprechen von den «drei K» und meinen damit Kompetenzvertrauen, Kommunikationsvertrauen und Kontraktvertrauen. Was steckt dahinter? Kompetenzvertrauen bedeutet, dass wir in die Fähigkeiten unseres Gegenübers vertrauen. Finden Sie also heraus, welche Fähigkeiten der Angsthase besitzt. Vielleicht hat er ein starkes inneres Urteilsvermögen, wenn er es nur mal rauslässt? Vielleicht ist er ein guter Zuhörer? Vielleicht analysiert er auf den Punkt genau? Danach sind Sie selbst am Zug: Hat Ihnen der Energievampir Angsthase schon so viel Energie abgesaugt, dass Sie zu keiner neutralen Sichtweise mehr fähig sind? In diesem Fall denken Sie bitte an den Kernsatz der Vertrauensbildung: Sie ist reziprok. Das heißt, Sie müssen Vertrauen geben, um Vertrauen zu erhalten.

Wie steht es um das Kommunikationsvertrauen? Damit ist das Vertrauen in die Auskunft gemeint. Spricht der Angsthase die Wahrheit? Teilt er Informationen? Gesteht er Fehler ein? Kann er Feedback geben? Ist er diskret? Und aufrichtig?

Energievampire

Wahrscheinlich werden Sie in allen Bereichen auf Mängel stoßen. In diesem Fall ist das gut, denn es sind Ihre Ansatzpunkte. Sorgen Sie dafür, dass der Angsthase mit Ihnen Informationen teilt. Bringen Sie ihm Fehlerkultur bei. Fordern Sie sein Feedback ein – und vergessen Sie bei all dem nicht: Vertrauen ist wechselseitig. Geben Sie selbst Feedback.

Ein weiterer wichtiger Aspekt ist das Kontraktvertrauen oder Vertragsvertrauen. Es thematisiert, wie weit wir unserem Gegenüber vertrauen können. Hält sich der Partner an Vereinbarungen? Ist er konsequent? Ermutigen wir uns gegenseitig? Kann er delegieren oder Grenzen setzen? Auch hier werden Sie beim Angsthasen ein weites Feld finden, das es zu beackern gilt. Doch Sie werden rasch merken, es lohnt sich: Nicht nur wird sich der Angsthase zukünftig besser an Vereinbarungen halten – Sie tun es ebenfalls! Sie beginnen, Ihre eigene Art, Dinge zu delegieren, zu analysieren und vielleicht setzten Sie sich hier und dort ebenfalls neue Grenzen. Während Sie dem Angsthasen helfen, Vertrauen in sich selbst zu finden und neue Hoffnung zu schöpfen, tun Sie das auch bei sich. Für mich ist dieser Prozess ein Win-Win in der schönsten und reinsten Form.

In meiner Berufspraxis habe ich gelernt, dass die Strategie der kleinen Schritte oft die beste ist. Anstatt «das Oberste nach unten zu krempeln» und «den Laden mal gründlich aufzuräumen» genießen wir damit täglich neue Erfolge, ohne unnötig Energie zu vergeuden. Das Leben – auch das Berufsleben – ist eine Abfolge von Veränderungen, und mit kleinen Schritten halten wir buchstäblich Schritt. Auch für unseren Angsthasen sind kleine Schritte ideal. So gesehen kann er zum idealen Mitarbeiter werden. Vorausgesetzt, Sie geben ihm die Chance, kleine «vertrauensvolle» Schritte zu hüpfen.

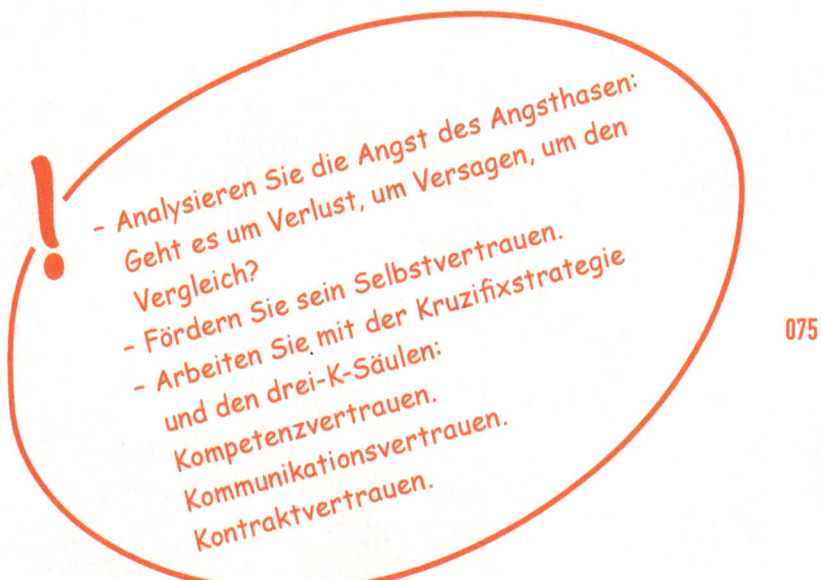

! – Analysieren Sie die Angst des Angsthasen: Geht es um Verlust, um Versagen, um den Vergleich?
– Fördern Sie sein Selbstvertrauen.
– Arbeiten Sie mit der Kruzifixstrategie und den drei-K-Säulen: Kompetenzvertrauen. Kommunikationsvertrauen. Kontraktvertrauen.

Über den Umgang mit Cholerikern

«Bin ich eigentlich nur von Idioten umgeben?»

Wir sind uns wahrscheinlich einig: Mit Angsthasen umzugehen erfordert Geduld und Nerven, doch ist das zu meistern. Wir bewegen uns auf einem ganz anderen Spielfeld, wenn wir es mit Cholerikern zu tun haben. Herr oder Frau «Sie Hornochse sind doch völlig inkompetent!» kann man nicht mit Vertrauensaufbau kommen. Da müssen andere Geschütze her. Ich nenne sie kurz und knapp die «Stopp-Strategie». Da es bei Cholerikern gerne etwas lauter zugeht, dürfen wir STOPP auch großschreiben.

Wobei wir schon bei Fehlerfalle Nummer eins sind. Der Energievampir Choleriker ruft in der Regel zwei Reaktionen hervor: Die einen ziehen die Köpfe ein, die anderen werden ebenfalls laut. Vor beiden will ich Sie bewahren. Choleriker haben etwas Ansteckendes, das Virus ihres Zorns springt schnell auf Mitmenschen über. Brüllen wir mit, verletzen wir uns selbst. Damit meine ich nicht nur unsere ungeübten Stimmbänder, die im Gegensatz zu denen des Proficholerikers nicht trainiert sind, sondern ich spreche von unseren Emotionen. Schließlich begnügt sich der Choleriker nicht mit erhöhter Lautstärke. Beleidigungen aller Art gehen ihm

Energievampire

ebenfalls leicht von den Lippen. Lassen wir uns auf sein Spiel ein, verlieren wir uns im Sumpf der gegenseitigen Beleidigungen. Trotzdem ist es eine der reizvollsten Lernaufgaben, in den Angriffen eines Cholerikers das Energiegeschenk zu finden. Bezeichnet mich einer zum Beispiel als «Hornochse», mag das zunächst wie eine Beleidigung klingen. Auf meinem Gesicht erweckt es jedoch ein Lächeln. Ja, das stimmt, denke ich. Ich bin stark wie ein Ochse, und an meinen Hörnern prallt alles ab. Selbst deine Beleidigungen.

Diese Strategie nennt man Energieumkehrung, ein Begriff aus der japanischen Kampfkunst Aikido. Dort stemmt sich der Meister nicht gegen die Angriffsenergie seines Kontrahenten, sondern nutzt sie mit geschickten Bewegungen aus, um ihn elegant und leichtfüßig zu Fall zu bringen. «Sei wie ein Bambusrohr, sei biegsam im Wind», heißt es. «Dann kann kein Sturm dich brechen.»

Genau das ist der Auftritt des Cholerikers: ein Sturm, ein Orkan, ein Hurrikan. Für den Meister der Energieumkehrung bedeutet dieser Windmacher allerdings keinen Energieraub sondern einen willkommenen Energieschub. Schließlich drückt der Choleriker mit seinem Gebrüll den großen Wunsch nach Durchsetzungskraft aus – nur kann er es halt nicht besser ausdrücken und verwendet daher cholerische, «unbewusste» Sprache. Vermag ich ihn trotzdem für unsere gemeinsame Sache gewinnen, bekomme ich einen starken Partner an meine Seite, den Probleme und Schwierigkeiten nicht so schnell umwerfen.

Sie merken, worauf ich hinaus will: Ich bin ein großer Fan

Über den Umgang mit Cholerikern

von «change it», wenn «love it» in seiner Reinform nicht möglich ist. «Leave it» ist für mich stets die letzte Option. Ich persönlich wähle sie, wenn ich einen unbelehrbaren Choleriker mit einem Krankheitsbild vor mir habe – ganz nach dem Motto: «Das Leben ist zu schön um sich zu ärgern.» Doch mein Ehrgeiz ist, aus anderen Menschen das Potenzial herauszukitzeln, das sie sich selbst noch nicht gönnen, um sie als wertvolle Partner zu gewinnen. Ich kann Sie nur dazu ermutigen, diesen Weg zu beschreiten. So ist aus manchem Choleriker ein hochmotivierter Mitarbeiter geworden.

Moderne Krankheitsklassifikationen wie die «Internationale statistische Klassifikation der Krankheiten und verwandter Gesundheitsprobleme ICD» in der Version von 2012 kennen «cholerisch» nicht als Diagnose. Trotzdem ist bei einer extremen Ausprägung dieser emotionalen Instabilität Energieumleitung vergebliche Liebesmüh. Manchmal können dem Choleriker nur therapeutische Ansätze helfen. In diesem Fall ist Ihr «Stopp!» ein endgültiges Stopp. Dieses wertvolle Wort kann für Sie in manchen Situationen ebenso gewinnbringend sein wie ein «Nein!» Viele bringen es nur schwer über die Lippen. Wir haben nicht gelernt, unsere Demarkationslinie zu verteidigen. Manche Psychologen sprechen von der Body-Buffer-Zone. Damit ist ein individueller Bereich rings um unseren Körper gemeint. Das können bei manchen zehn Zentimeter sein, bei anderen sind es dreißig Zentimeter. Stellt sich jemand dicht an uns und dringt damit unaufgefordert in die Body-Buffer-Zone ein, fühlen wir uns unangenehm, manchmal geradezu körperlich angegriffen. Das ist der

Energievampire

Grund, weshalb uns überfüllte U-Bahnen oder andere Orte, wo viele Menschen zusammengepfercht sind, nicht liegen: Hier wird die Body-Buffer-Zone ständig verletzt, ohne dass wir etwas dagegen tun können – es sei denn, wir richten uns nach einem entschiedenen «leave it.»

Choleriker missachten die Body-Buffer-Zone anderer Menschen. Sie rücken ihnen auf die Pelle oder greifen die Zone mit Worten, Gesten und Lautstärke an. Hier ein standhaftes «Stopp!» anzubringen, ist das Gebot der Stunde – und sollte vorher geübt werden. Handeln Sie nicht im Affekt, sondern nehmen Sie sich Zeit für Ihre Gegenwehr. Bereiten Sie sich darauf vor, gedanklich und körperlich. Gedanklich bedeutet, dass Sie sich Tag und Stunde vornehmen, an dem Sie Ihrem Bürocholeriker die Stirn bieten. Körperlich heißt, dass Sie eine gewisse innere Ruhe benötigen, um überzeugend zu wirken. Da hilft Ihnen der Atem: Nehmen Sie drei tiefe Atemzüge und konzentrieren Sie sich dabei auf Ihre innere Haltung. Dann treten Sie dem Choleriker entgegen und sagen sehr ruhig und sehr bestimmt: «Stopp!» Nicht mehr, nicht weniger. Lassen Sie sich nicht auf Diskussionen ein. Bleiben Sie bei Ihrem «Stopp!» Wenn es sein muss – und bei einem cholerischen Energievampir ist das durchaus möglich – wiederholen Sie das mächtige Wort zwei oder drei Mal.

Natürlich mag jeder den Ja-Sager, diesen netten und hilfsbereiten Kollegen. Schließlich macht er allen das Leben leichter. Doch er zahlt dafür einen hohen Preis: Ja-Sager leiden an Überlastung, an Burn-out, sie verzetteln sich, erledigen Dinge unzureichend und werden am Ende weniger respektiert als die Zögerlichen und die Nein-Sager. Hier kommt das Gesetz von Angebot und Nachfrage zum Tragen: Was leicht zu kriegen ist, hat wenig Wert. Wer sich aber vornehm zurückhält, sich verweigert und rar macht, wird bald von Bittstellern umringt sein. Daher gilt: Wer nicht nein sagen kann, wird niemals wirklich ja sagen können.

Also ist es am besten, wenn Sie eine überlegte Nein-Strategie nutzen. Da gibt es zum einen den «Kuhhandel». «Ich habe leider nicht die Zeit, mich mit an den Stand zu stellen. Aber ich könnte helfen, die Dekoration vorzubereiten.»

Oder Sie sagen ja und stellen Bedingungen: «Ich kann dir gern bei der Abrechnung helfen. Allerdings habe ich dann weniger Zeit, mein Projekt vorzubereiten, und du müsstest für mich im Internet Informationen recherchieren.»

Der nächste Schritt: Sie sagen nein mit einer Begründung: «Heute kann ich Sie leider nicht unterstützen, da meine Kollegin krank ist.»

Auch delegieren ist eine Form des Nein-Sagens: «Bei der Betreuung dieses Klienten ist deine Mitarbeit Gold wert. Fasse bitte zusammen, worauf es ihm ankommt. Erfrage bei der Buchhaltung die Kontobewegungen. Die Abteilung Einkauf kann dann mit all den Informationen problemlos den Auftrag abwickeln. Wenn etwas offen ist – lass es mich wissen.»

Ein weitere Möglichkeit, die Ihnen zur Verfügung steht: Sie geben Hilfe zur Selbsthilfe. «Ich zeige dir, wie es zu tun ist und das nächste Mal kannst du es selbst.»

Profis im Nein-Sagen erbitten gern mehr Information: «Ich benötige die gesamte Korrespondenz, dazu alle Telefonate

Energievampire

kurz schriftlich zusammengefasst und einen Vorschlag zur weiteren Strategie. Dann helfe ich gerne weiter.»

Es sagt etwas über den Zustand unserer Unternehmenskultur aus, dass sich immer mehr Leute nur durch Brüllen zu helfen wissen. Es zeigt, dass wir von einem Miteinander im Sinne von Win-Win weit entfernt sind. Einmal wurde ich als Beraterin zu einem Meeting einer der großen deutschen Theaterbetriebe hinzugezogen. Es war ein Dreispartenhaus mit Musik, Schauspiel und Tanz und über 1000 Mitarbeitern. Der Intendant des Hauses war als Choleriker verschrien. In diesem Meeting war auch ein echter Giftzwerg, ein gefährlicher Energievampir, auf den wir später zu sprechen kommen. Anders als die anderen zog er den Kopf nicht ein, wenn der Intendant losbrüllte und mit den Fäusten auf den Tisch trommelte. Ganz im Gegenteil: Mit sichtlichen Vergnügen feuerte er einen Giftpfeil nach dem anderen ab. Seine Strategie war klar. Er wollte, dass sein cholerischer Vorgesetzter völlig die Kontrolle über sich verlor. Die meisten Teilnehmer des Meetings fürchteten sich vor dem Choleriker – für den Giftzwerg war er ein hilfloses Opfer, das er wie eine Marionette manipulieren konnte.

Über den Umgang mit Cholerikern

! - Stopp-Stabilität erreichen Sie durch tiefe Bauchatmung: Atmen Sie auf 1-2-3 ein und auf 4-5-6-7-8-9 langsam aus.
- Entspannen Sie dabei Schultern, Nacken und Knie.
- Umarmen Sie den Choleriker mit Ihrem Nein sinnbildlich.

Über den Umgang mit Giftzwergen

«Tja, da haben sie aber einen riesigen Blödsinn gemacht!»

Als die alten Griechen die Nase voll hatten von Sokrates, weil er ihnen zu oft den Spiegel vorhielt und sie mit der ganzen Wahrheit konfrontierte, zwangen sie ihn dazu, einen Becher mit Gift zu trinken. Darin war Schierling, ein widerliches Gift, welches die Atemwege bei vollem Bewusstsein lähmt. Aus dieser Zeit stammt die Umschreibung «den Schierlingsbecher leeren», wenn wir etwas tun müssen, was wir absolut nicht wollen.

Wenn Sie die Augen schließen und das Wort Gift aussprechen, sehen Sie wahrscheinlich als inneres Bild einen Totenschädel, wie er als Warnzeichen bei Gefahrengütern verwendet wird. Wer dasselbe im anglo-amerikanischen Sprachraum tut, wird beim Aussprechen des Wortes «gift» anderes sehen: schön verpackte Geschenke zum Beispiel, dazu bestimmt, Freude zu bereiten. «Gift» bedeutet im Englischen Geschenk, Talent, Fähigkeit, Geschick – alles rundum positive Begriffe.

Der Umgang mit Giftzwergen ist deshalb so schwierig, weil sie ihre Pfeile am liebsten aus dem Hinterhalt schießen. Mit dem Giftzwerg beim Meeting der Theaterleute war es nicht

Energievampire

anders: Er hob gar nicht den Kopf, sondern murmelte seine Frechheiten einfach vor sich hin, wohl wissend, dass sie bei seinem Opfer, dem cholerischen Intendanten, ankamen. Giftzwerge haben auch die sozialen Netzwerke für sich entdeckt – dort können sie ungehindert Gift versprühen. Der «like it»-Button von Facebook sorgt dann dafür, dass sie Applaus von allen Seiten bekommen, und gestärkt ihrem Treiben nachgehen.

Giftzwerge bauen sich in der Regel nicht direkt vor Ihnen auf und machen Sie rund, sondern schleichen sich von der Seite an. Deshalb ist die oberste Devise des Energievampirjägers: Sei auf der Hut! Seien Sie schnell und bewusst in Ihrer Wahrnehmung. Ermutigen Sie den Giftzwerg, seine Einwände und Emotionen auf den Tisch zu legen. Hier werden wenig talentierte Giftzwerge schon mal die Waffen strecken. Darauf sind sie gar nicht vorbereitet, sie fühlen sich auf einmal unsicher, weil sie wissen, dass sie sich außerhalb ihres Spielfeldes bewegen. So schnell der Giftzwerg aufgetaucht ist, wird er wieder verschwinden. Doch er kommt wieder. Die erste Schlacht haben Sie gewonnen, den Krieg noch nicht.

Das klingt Ihnen zu kämpferisch? Das soll es auch, die Worte sind mit Bedacht gewählt. Wir wollen nicht vergessen, dass Energievampire Ihnen Schaden zufügen möchten. Allerdings bin ich nicht der Meinung, dass Konflikte durch Eskalation gelöst werden können. Was uns zurück zur Energieumleitung bringt. Sie ist auch beim Giftzwerg unsere beste Waffe: Was will er Ihnen wirklich sagen? Nutzen Sie das Diamanthören. Welchen Eindruck möchte er hinterlassen? Napoleon war der typische Giftzwerg des «kurzgewachsenen Mannes», der durch seine kleine Statur Probleme mit seinem Selbstvertrauen hatte. Das kompensierte er durch Giftigkeit und Despotentum, bis hin zum Größenwahnsinn. Sie erkennen Parallelen zu Personen unserer Zeit? Ich auch.

Viele Giftzwerge haben ihre Befähigung zur schädlichen Art der Konfliktführung entwickelt, weil sie an Unterforderung oder Überforderung leiden. Ich rate daher zu einem Vorabgespräch unter vier Augen, damit der Giftzwerg Raum und Zeit bekommt, seine tatsächlichen Interessen und Probleme darzulegen und einzufordern. Auch diese Strategie sorgt dafür, dass eine ganze Horde von Giftzwergen die Waffen strecken wird: Sie wollen einfach mal gehört werden, also sorgen Sie dafür, dass es geschieht. Dann bleiben die Giftpfeile auch im Köcher.

Haben wir es mit Giftzwergen der anderen Kategorie zu tun – Leute, die sich an offenen Wunden laben –, ist trotzdem ein «change it» möglich. Kommen wir wieder auf das englische «gift» zu sprechen, auf das Geschenk. Finden wir selbst in einem wahrlich giftigen Angriff das Energiegeschenk, welches wir für uns nutzen können? Auch hier empfehle ich Aikido-Techniken. «Ai» bedeutet in Harmonie mit dem Gegner sein, «Ki» ist seine Energie, die wir nutzen wollen, «Do» ist der gemeinsame Weg, den wir zurücklegen. Erinnern Sie sich? Wir sind dabei biegsam wie Bambus. Oder wie es Bruce Lee ausgedrückte: «Be like water.» Sei wie Wasser.

Energievampire

Wie Wasser umspülen wir den Giftzwerg, nehmen seinen Angriff auf und leiten ihn um, indem wir seine wahren Interessen erfragen. «Ich würde wirklich mal gern wissen, was Sie für Flausen im Kopf haben», sagt er. «Normalerweise erscheinen Sie mir doch einigermaßen intelligent.»

Nein, Sie fahren jetzt nicht aus der Haut wie der Choleriker. Sie ziehen sich nicht ins Schneckenhaus zurück wie ein Angsthase. Sie gehen nicht hin und klagen anderen die Ohren voll über diesen unmöglichen Menschen, wie es ein Jammerlappen tut. Sie entgegnen: «Es macht mich traurig, wenn das Ihre Sicht auf mich ist. Woran machen Sie die unintelligente Wirkung denn fest?»

Jedes Ihrer Worte ist wohlgewählt. Sie werden beleidigt, und Ihre Reaktion ist der Ausdruck eines echten Gefühls: Das macht mich traurig. Danach spielen Sie den Ball zurück in Form einer W-Frage: Woran machen Sie die unintelligente Wirkung denn fest?

W-Fragen sollten zu Ihrem festen Standard-Repertoire gehören: woran, warum, weshalb, wo, wie, was. Mit W-Fragen sorgen wir dafür, dass unser Gegenüber Farbe bekennen muss. Denken Sie daran: Wer fragt, der führt. Hat der Giftzwerg nichts Handfestes gegen Sie in der Hand, kommt er schnell ins Schwimmen. Vielleicht kennen Sie die «Fünf Toyota-Fragen»? Sie stammen aus dem Total-Quality-Management-System, das dafür sorgen soll, Fehler zu vermeiden. Taucht eine Schwierigkeit auf, genügen in der Regel fünf W-Fragen, um auf den Kern des Problems zu stoßen. Konfrontieren Sie Ihren Giftzwerg mit diesen Fragen, wird er schnell die Segel streichen.

Über den Umgang mit Giftzwergen

Kaum einer versteht sich darauf, verbales Aikido ohne Übung zu beherrschen. Deshalb empfehle ich, solche oder ähnliche Situationen einige Male mit einem Partner Ihres Vertrauens durchzuspielen. Auch in meinen Energievampir-Seminaren spielen solche praktischen Übungen eine große Rolle. Sie merken bald, wie gut Sie sich fühlen, wenn Sie sicher sind, gewappnet zu sein.

«Sie haben wirklich von nichts eine Ahnung!», sagt der Giftzwerg. Vielleicht lautet Ihre Antwort: «Das trifft mich wirklich. Wenn Sie damit meinen, dass ich gern alle Fakten auf den Tisch lege, bevor ich Entscheidungen treffe, habe ich tatsächlich keine Ahnung. Was bewirkt Faktenreichtum bei Ihnen?» Glauben Sie mir, bei dieser Entgegnung schnappt der Giftzwerg erst einmal nach Luft. Damit hat er nicht gerechnet. Sie lassen seinen Angriff ins Leere laufen, weil sie die Diskussion zurück auf die sachliche Ebene führen. Noch ein Beispiel gefällig? «Sie sind doch völlig inkompetent!» «Das betrübt mich jetzt. Wenn Sie damit meinen, dass ich auch unkonventionelle Ideen zur Diskussion stelle, ist Ihre Sichtweise richtig. Wie möchten Sie denn anders auf neue Gedanken kommen?»

Verbales Aikido hat auch einiges mit Schlagfertigkeit zu tun. Am Anfang dieses Kapitels habe ich dazu geraten, im Umgang mit Giftzwergen schnell zu sein und bewusst in Ihrer Wahrnehmung. Auch das lässt sich üben, und in meinen Seminaren haben die Teilnehmer viel Spaß dabei. Es funktioniert so: Zwei Partner beharken sich abwechselnd mit ver-

Energievampire

balen Angriffen. Aufgabe ist es, eine schlagfertige Antwort zu finden. Sie können sich vorstellen, wie laut das Gelächter im Seminarsaal ist! Gleichzeitig stärken die Teilnehmer ihr Selbstvertrauen, wenn sie merken: Oha, ich kann tatsächlich Kontra geben!

Hier einige Beispiele aus den Seminaren:

«Du bist genau das Gegenteil von Joghurt. Der hat wenigstens Kultur!»

«Rede ruhig weiter, irgendwann kommt schon mal was Sinnvolles raus!»

«Du verschönerst jeden Raum – beim Rausgehen!»

«Ich vergesse nie ein Gesicht. In deinem Fall mache ich eine Ausnahme!»

«Jedes Mal, wenn ich dich anschaue, frage ich mich: Was will die Natur?»

«Wenn du aufhörst, Lügen über mich zu erzählen, höre ich auf, die Wahrheit über dich zu verbreiten!»

«Als Kind hat dir deine Mutter doch immer ein Kotelett umgehängt, damit wenigstens der Hund mit dir spielt!»

«Wenn du immer das letzte Wort haben willst, führ doch Selbstgespräche!»

«Keine Ahnung, was dich so dumm macht. Aber das Mittel funktioniert super!»

Vermutlich ist es überflüssig, darauf hinzuweisen, dass diese Retourkutschen nicht unser Alltagsmittel gegen Giftzwerge sind. Wir lassen uns schließlich nicht auf ihr beleidigendes Spiel ein, sondern spielen unser eigenes. Trotzdem ist das eine wunderbare Übung, weil diese Sache viel mit Sport gemeinsam hat. Das ist kein Wunder, schließlich greifen wir auf Aikido-Techniken zurück: Je besser wir unsere Rhetorik trainieren und unser Mundwerk ölen, umso besser bringen wir das eigene Anliegen an den Mann oder die Frau: den Ausdruck eines echten Gefühls. Dann spielen wir den Ball mit einer W-Frage zurück.

Gerade erwähnte ich das geölte Mundwerk, das man im Volksmund jemandem zuspricht, der ohne Punkt und Komma reden kann. Solche Giftzwerge gibt es auch. Da bleibt Ihnen manchmal keine Gelegenheit, Ihr Gefühl auszudrücken oder den Ball zurückzuspielen. In diesem Fall wenden Sie eine kurze und knackige Taktik an, nämlich die entgiftende Gegenfrage: Fragen Sie den Giftzwerg nach der Bedeutung des Wortes, das Sie am meisten verletzt hat.

Giftzwerg: «Da haben Sie ja wieder einen Riesenblödsinn gemacht!»

Die entgiftende Gegenfrage: «Was genau meinen Sie mit Riesenblödsinn? Was genau ist der Riesenblödsinn?»

Damit schaffen Sie den nötigen Abstand und bringen den Streit zurück auf eine sachliche Ebene. Sie setzen den Giftzwerg unter Zugzwang: Tatsächlich – was meine ich eigentlich damit?

Giftzwerg: «Sie sind ja nicht mal dazu in der Lage!»

Entgiftende Antwort: «Interessant. Was genau bedeutet ‹nicht in der Lage sein› für Sie?»

Diese Taktik ist echtes Aikido. Der Meister nutzt die Wucht des Angriffs, indem er sich nicht dagegenstemmt, sondern die Bewegung – das «Do» aus dem Wort Aikido – mitgeht.

Energievampire

Das tun Sie in Ihrer Reaktion auf die Worte des Giftzwergs mit der W-Frage «Was genau bedeutet ‹nicht in der Lage sein› für Sie?» ebenfalls. Sie zielt in dieselbe Richtung wie der Angriff selbst und leitet die Energie von Ihnen weg. Probieren Sie es aus! Die Wirkung wird Sie verblüffen.

!
- Zeigen Sie Betroffenheit. Nennen Sie das durch den Giftangriff ausgelöste Gefühl beim Namen.
- Leiten Sie durch W-Fragen die Lösung ein.
- Entwickeln Sie bereits im Vorfeld Ihre Vorbereitungsstrategie: Welche Giftpfeile können kommen? Wen können Sie in Ihr Risikomanagement integrieren?

Über den Umgang mit Jammerlappen

«Das hat doch noch NIE funktioniert!»

Wir lesen es immer wieder: In Deutschland wird gejammert, und zwar auf hohem Niveau. Meine interkulturellen Erfahrungen zeigen, dass dies so nicht stimmt. In Deutschland wird gern gejammert, doch anderswo auch. Der Grund dafür ist, dass der Jammerer stets Aufmerksamkeit bekommt, gleichgültig, in welchem Land auf dieser Erde. Das liegt daran, dass wir negativen Schlagzeilen mehr Aufmerksamkeit widmen als positiven. Was wiederum in unserer archaischen Angst vor dem Unglück begründet liegt, gegen welches wir uns wappnen, indem wir aufmerksam gegenüber Gefahrenquellen sind. In unserem Zeitalter der hyperschnellen Kommunikation führt das allerdings dazu, dass uns auch der Orkan in Südostasien Angst einjagen kann: Was würden wir tun, fragt unser inneres Selbstschutzprogramm, wenn so ein Sturm bei uns tobt?

Jammerlappen leben momentan in einem goldenen Zeitalter. Sie sind die Verstärker alles Negativen und finden damit immer und überall Gehör. Dabei ist kaum ein Energievampir besser in der Lage, uns Energie zu rauben. Weshalb die Mühe, fragen wir uns nach einem Überfall des Energievampirs Jammerlappen, wenn morgen ohnehin alles den Bach runtergeht? Das hat er schließlich glaubhaft prophezeit.

Beim Jammerlappen nutzt es nichts, ihn wie einen Außerirdischen anzustarren oder weise zu lächeln. Verbales Aikido zeigt auf ihn keine Wirkung. Ein klares «Nein!» ist vergebliche Liebesmüh. Wenn Sie ihn dazu ermutigen, seine Einwände und Emotionen auf den Tisch zu legen, brauchen Sie sich für den Rest des Tages nichts mehr vornehmen. «Paint it black», sangen die Rolling Stones, und genau das wird der Jammerlappen tun: Er wird Ihre Welt so schwarzmalen, dass Sie selbst nicht mehr daran glauben, dass nach der Nacht ein neuer Tag folgt. Sogar unsere Allzweckwaffe der W-Fragen läuft beim Jammerlappen ins Leere. Wozu Fragen beantworten, wenn ohnehin alles dem Untergang geweiht ist? Der Jammerlappen zieht uns in den Abgrund und erhöht sich damit selbst. Ihm können Sie nur durch ausgeprägtes Selbstbewusstsein beikommen.

Selbstbewusstsein – oder nennen wir es Selbstvertrauen – basiert auf dem Kernsatz: «Ich weiß, dass ich es schaffe.» Damit gelingt erfolgreichen Menschen das Mögliche und manchmal sogar das Unmögliche. Dabei nehmen sie den Jammerlappen einfach mit.

Selbstvertrauen beginnt mit Körpersprache. Signalisieren Sie gegenüber dem Jammerlappen Wirkungskraft und Stärke. Ihr Blick ist selbstbewusst, sie zappeln nicht herum, Sie sind ganz in der Selbstverantwortung für Ihre Gedanken,

Gefühle, Pläne und Handlungen. Für selbstverantwortliche Menschen gilt der Grundsatz des Jammerers «Alle anderen und die Umstände sind schuld!» nicht. Für ihn gilt: «Ich bin für meine Erfolge selbst verantwortlich. Ich bin für meine Misserfolge selbst verantwortlich. Und ich genieße diesen Zustand!» Damit machen Sie sich unabhängig von anderen Menschen – natürlich auch von Jammerlappen –, denn Sie sind in der Lage, selbst zu entscheiden: «Love it – change it – leave it.» Deshalb verwende ich als Symbol für diese Strategie die Knoblauchzehe. Mit Selbstvertrauen vertreiben wir den Energievampir: «Sorry, aber ich werde jetzt ohne dich weitergehen.» Noch besser ist es natürlich, den Jammerer mit Selbstbewusstsein und Selbstverantwortung ins Ziel zu leiten.

Kürzlich bat mich der Geschäftsführer eines Versicherungsunternehmens um Rat. Er habe vor, mit der Jammerei ein für alle Mal Schluss zu machen. «Wie können wir kundenorientiert arbeiten, wenn wir ständig jammern?», fragte er. Wir beriefen eine Konferenz ein, um das Jammern zu «professionalisieren». Alle Mitarbeiter durften einen ganzen Morgen lang nach Herzenslust jammern. Sie füllten Dutzende Flipcharts mit allen Jammerpunkten. Darunter waren mangelnde Ressourcen zu Stoßzeiten, Flexibilisierung von Arbeitszeiten – aber auch der Umstand, dass die Kaffeemaschine von der Putzfrau zu früh abgeschaltet wurde und dass es mittlerweile nur noch zweilagiges Klopapier gab.

Nach einer Pause durfte nicht mehr gejammert werden. Ich stellte einen kleinen Spardosen-Vampir in die Mitte, und wer

Energievampire

sich nicht an die Vereinbarung hielt, musste einen Euro hineinwerfen. Nach der Strategie, aus negativen Reizen positive Reaktionen zu schaffen, sowie nach dem Konzept des «love it – change it – leave it» sprachen wir alle Punkte auf den Flipcharts durch. Da sich zum Beispiel keiner bereiterklärte, in der Einkaufsabteilung Lobbyarbeit für dreilagiges Toilettenpapier zu machen, wurde der Punkt konsequent als «love it» behandelt. Von nun an durfte nicht mehr darüber gejammert werden. Beim Thema Kaffeemaschine handelten wir «change it» aus, also Eigenverantwortung: Einer wurde auserkoren, mit der Putzfrau zu sprechen. Die wichtigen Punkte wurden in Projektgruppen bearbeitet. Da alle denselben Informationsstand hatten, konnte von nun an viel Jammerei verhindert werden.

!
- Der Jammerer sucht nach Aufmerksamkeit.
- Geben Sie ihm ganz bewusst eine begrenzte Jammerzeit und einen abgestimmten Jammerraum.
- Selbstbewusst machen Sie das Unmögliche möglich, indem Sie mit klarem Blick eine Entscheidung zwischen «love it – leave it – change it» einfordern.

Über den Umgang mit Besserwissern

«Schalten sie doch zuerst ihr Gehirn an – bevor sie den Mund aufmachen!»

Schon im Kapitel über den Machtmenschen ging es um Rollen. Auch Besserwisser können in allen Rollen des Drama-Dreiecks auftreten. Sie können Verfolger sein: «Schalten Sie einmal Ihr Gehirn an, bevor Sie den Mund aufmachen!» Sie können Retter sein: «Ich erledige das für dich, du weißt ja ohnehin nicht, wie es geht.» Sie können Opfer sein: «Ich habe es euch gesagt, Leute, so wird das ganz bestimmt nichts!» In allen Varianten sprechen Besserwisser mit der ganzen Selbstverständlichkeit der Welt von Dingen, von denen sie keine Ahnung haben. Kein anderer Energievampir ist besser geeignet, Mitmenschen zu täuschen und zu verunsichern. Nach dem Motto «links blinken und rechts abbiegen» weiß beim Besserwisser keiner, woran er ist. Alles ist unsicher – außer natürlich, dass der Besserwisser es besser weiß.

Wir sprachen davon, dass der Besserwisser im Zeitalter von Wikipedia einen schweren Stand hat, wenn er versucht, mit Fakten zu täuschen. Die Gefahr, dass er sein Gesicht verliert, ist real, und nichts geht ihm mehr gegen den Strich. Dann neigt er zur Ausfälligkeit, die bis ins Cholerische reichen

Energievampire

kann. Gerade deshalb ist eine der wirksamsten Strategien im Umgang mit Besserwissern das Kompliment. Da staunen Sie (sagt der Besserwisser in mir), das hätten Sie jetzt nicht gedacht. Doch in der Tat – wir setzen den Gegner schachmatt, indem wir ihn bewundern und loben, ihn geradezu mit Komplimenten überhäufen.

Besserwisser: «Wenn Sie immer so überempfindlich reagieren, werden Sie niemals Erfolg haben.»

Unser Kompliment: «Ich bewundere Ihr Wissen und Ihre Weisheit.»

Das sagen Sie aber bitte nicht mit zynischem Unterton, sondern freundlich und frei. Wir folgen einem mathematischen Grundgesetz, nach dem minus mal minus plus ergibt. Der Angriff ist ein Minus, unser falsches Kompliment ebenfalls – doch zusammen ergibt es ein Plus. Sie können auch sagen: «Ich bin wirklich beeindruckt.» Oder: «Vielen Dank für Ihre Hilfe.» Oder, natürlich ohne Ironie: «Sie sind mir haushoch überlegen.» Oder: «Vielen Dank für Ihre wunderbaren Ratschläge.»

Je übertriebener Sie loben, desto besser wirkt die Strategie. Bewährt haben sich auch stumme Gesten. Damit ist gemeint, dass Sie nichts erwidern, dem Angriff jedoch durch Körpersprache entgegentreten: Starren Sie den Energievampir mit aufgerissenen Augen an, als sähen Sie einen Außerirdischen. Oder nicken Sie ihm freundlich aber schweigend zu, als sei er ein alter, verschrobener Bekannter. Betrachten Sie ihn, wie sie im Zoo das exotische Wesen hinter der Glasscheibe ansehen würden. Oder lächeln Sie einfach weise vor sich hin, ganz so, als seien Sie gerade erleuchtet worden. Da wir alle keine gelernten Schauspieler sind, vergessen Sie dabei nicht zu atmen. Auf keinen Fall den Atem anhalten, sonst kommen Sie in sprichwörtliche Atemnot. Weise lächeln und gleichzeitig regelmäßig ein- und ausatmen, das ist unser Geheimnis!

Der Energievampir Besserwisser wird sich über Ihr Verhalten wundern, aber Sie geben keinerlei Erklärungen ab. Stattdessen wenden Sie sich wieder dem zu, was Sie machen wollten. Sie lassen sich nicht weiter ablenken und investieren keine Energie mehr in die Abwehr des Angriffs.

Diese optimalen Verhaltensweisen gegenüber Besserwissern nenne ich Sargstrategie. Schließlich fordert der Energievampir unsere Zeit, unsere Energie, und dringt in unseren Raum ein. Der Besserwisser möchte sich darstellen, daher prüfen wir, ob sein Beitrag wichtig ist oder nicht. Ist er es nicht, begraben wir ihn. Indem wir übertrieben loben oder den Besserwisser anstarren und schweigen oder gar nichts tun: der Hund bellt, die Karawane zieht weiter. Wir können uns auch – bei hartnäckigen Fällen – zu einem klaren «Nein!» durchringen.

Lassen Sie mich ein paar Worte zu diesem Wörtchen verlieren, das mehr Macht hat, als wir glauben. Rate ich bei Konflikten einer Partei zu einem klaren «Nein!», erhalte ich häufig zur Antwort: «Das kann ich nicht.» Was im Grunde genommen auch ein «Nein!» ist, nur eben ein Nein zu sich selbst. Zu anderen «Nein!» zu sagen – das heißt, sie in ihre Schranken zu weisen – bedeutet «Ja!» zu sich selbst zu sagen.

Energievampire

Ein wichtiger Satz zur Steigerung des eigenen Selbstwertgefühls lautet daher: «Nein, das will ich nicht!» Erst dann erhält unser «Ja!» einen Stellenwert.

Die Wahl der Sargstrategie ist das «leave it» unserer drei Entscheidungsmöglichkeiten «love it – change it – leave it». «Leave it» ist nichts anderes als ein klares und deutliches «Nein, das will ich nicht!» Sie wissen bereits, wie schwer uns das mitunter fällt, weil wir emotional noch mit der Situation verbunden sind, die wir hinter uns lassen möchten. Da helfen die Nein-Sage-Techniken weiter – ganz nach der Devise: Auch das Neinsagen kann man lernen!

Der Besserwisser stiehlt Ihre Zeit und Energie, weil alles, was Sie ihm vorlegen, nicht gut genug ist? Sie kontern, indem Sie detailliert Ihren Prioritäten- und Zeitplan erläutern. Das nennt man «argumentatives Nein». Sie machen klar, was Ihnen wichtig ist. Bleiben Sie dabei ruhig und freundlich.

Der Besserwisser überschüttet Sie mit unzähligen fadenscheinigen Argumenten? Kontern Sie, indem Sie über Ihren Stress klagen, Ihre Zeitnot, Ihre Arbeitsüberlastung. Wechseln Sie auf die Mitleidsschiene – auch das ist eine Nein Strategie.

Der Besserwisser hat an allem, was Sie zu Papier bringen oder ihm mitteilen, etwas auszusetzen und fordert Nachbesserung? Wenden Sie die Nein-Strategie der Delegation an, bitten Sie also, dass andere in die Arbeit mit eingebunden werden. Sie können auch ja sagen, handeln jedoch Bedingungen für die Zukunft aus. Oder Sie bieten zwei spätere Alternativ-Termine für die Überarbeitung an. Oder Sie geben Hilfe zur Selbsthilfe. Hilft das alles nichts, benutzen Sie das mächtige Wort «Nein!»

Grundsätzlich werden Sie Besserwissern mit leichterem Herzen entgegentreten, wenn Sie selbst gut vorbereitet sind. Arbeiten Sie mit den hilfreichen W-Fragen, um seine Generalisierung zu entmachten. Hören Sie aktiv zu und vermeiden Sie selbst dogmatische Aussagen. Fragen Sie den Besserwisser, wie Sie in Zukunft mit ihm gleichwertig arbeiten können: gleichwertig im buchstäblichen Sinne von gleich-wertig. Schließen Sie einen Vertrag mit ihm ab.

!
- Besserwisser treten gern als Besser-Bisser und Rat-Schläger auf.
- Sie beißen, wenn sie Wertschätzung vermissen. Können Sie ihre Rat-Schläge ohne Schlag entgegennehmen?
- Die Love-it-Strategie sorgt für Wertschätzung.
- Die Nein-Strategie sorgt für Klarheit in der Sache.
- Die Kunst der gesunden Balance zwischen beiden Strategien hilft beim Umgang mit dem Besserwisser entscheidend mit.

Über den Umgang mit Machtmenschen

«ICH sage ihnen jetzt, wie es gemacht wird!»

Dass der Energievampir vom Typus Machtmensch in Firmen häufig vorkommt, darf uns nicht weiter verwundern. Schließlich haben wir unsere gesamte unternehmerische Kultur auf Hierarchien aufgebaut: Die Befehlsstruktur geht von oben nach unten, wer Karriere machen will, muss von unten nach oben klettern. Diese gegenläufige Bewegung bringt Reibungen mit sich, bei denen sich ein Machtmensch gut zurechtfindet. Sein Ziel ist es, nach oben zu kommen, um den Hierarchien darunter Befehle erteilen zu können. Im Statusspiel muss er wie unter Zwang den Hochstatus einnehmen. Trotzdem ist er häufig nicht die geborene Führungskraft, denn es fehlt ihm an Menschenkenntnis und Empathie, um ein guter Motivator zu sein. Merkt er, dass es nicht läuft, wie er will, hat er nicht die richtigen Werkzeuge in seinem Werkzeugkasten, um die Situation zu bewältigen. Dann verfällt er auf das einzige Mittel, dass er gut beherrscht: andere skrupellos fertigzumachen.

Der Machtmensch verfügt dabei über einen ausgeprägten Egoismus. Umso gefährlicher ist sein Standardsatz: «Ich sage jetzt, wie es gemacht wird», denn wer kann außer ihm wissen, ob seine Vorgabe richtig ist? Der Machtmensch ist davon felsenfest überzeugt: Er kann alles, er weiß alles, er macht stets alles korrekt. Bei anderen sind ihm kleinste Fehler ein Gräuel; versteht jemand seine Anweisungen nicht, tickt er schon mal aus. Er hat sein klares Ziel vor Augen – mehr Macht! –, und wer ihm dabei im Weg steht, wird weggeräumt. Vielleicht fragen Sie sich: «Wie um alles in der Welt soll ich mich gegen so jemanden behaupten, vor allem, wenn ich selbst nicht kämpfen möchte?»

Die Frage ist gerechtfertigt. In die meisten Konflikte, die ich in meiner beruflichen Praxis erlebe, ist ein Machtmensch verwickelt. Seine Verhaltensweise sorgt dafür, dass er Kollegen in einen Kampf zieht, die das nicht wollen. Wenn einer kämpfen möchte, und der andere nicht, steht der Sieger von vornherein fest. Dadurch fühlt sich der Machtmensch nur bestätigt: Seine Strategie muss die richtige sein. Hat er nicht eben wieder einen wichtigen Sieg errungen?

Um mit dem Energievampir Machtmensch klarzukommen, ist es gut, dessen Rolle zu begreifen. Im Zusammenspiel mit ihm sind drei Rollen zu verteilen. Wir nennen sie Verfolger, Opfer und Retter. Jeder von uns tendiert zu einer dieser Rollen, wobei viele Menschen in der Lage sind, in unterschiedlichen Situationen unterschiedliche Rollen wahrzunehmen. Der Machtmensch kennt nur eine: Er ist ein Verfolger.

Da wir in der Kindheit unsere Rollen entdeckt, erlernt und unbewusst beibehalten haben, können wir leicht nachvollziehen, wie es dem Machtmenschen als Kind ergangen sein muss. Damals hat er gelernt, dass er dann akzeptiert wurde, wenn er wütend war, gebrüllt hat und ausfällig wurde. Dann schenkte ihm sein soziales Umfeld Aufmerksamkeit. Klar, dass er heute nicht davon lassen kann.

Auch die anderen Rollen wurden in der Kindheit erlernt – vergessen wir nicht, dass auch wir uns eine davon zu eigen gemacht haben. Erwachsene Menschen, die wir zu den «Rettern» zählen, lernten als Kind, dass sie dann anerkannt werden, wenn sie Aufgaben erledigen, Pflichten übernehmen und selbstständig für andere Menschen sorgen. Erwachsene, die heute in die Opferrolle schlüpfen, haben als Kind erfahren, dass ihre Eltern sie mochten, wenn sie verzichteten. Sie erinnern sich noch immer an den Satz, den sie damals oft hören mussten: «Unsere Kleine? Die ist ja so was von vernünftig!» Natürlich gilt das auch für die männliche Form.

Wir können nicht ohne die anderen Menschen, was bedeutet, dass ein Verfolger ein Opfer braucht, denn sonst hat er keinen, den er verfolgen kann. Das Opfer wiederum braucht den Verfolger, der selbst vom Retter gerettet wird, ihn aber ebenso verfolgt. Der Retter rettet liebend gern ein Opfer. Und das Opfer, Sie erraten es, kann nicht ohne Retter existieren. Im Schaubild sieht das dann so aus:

Energievampire

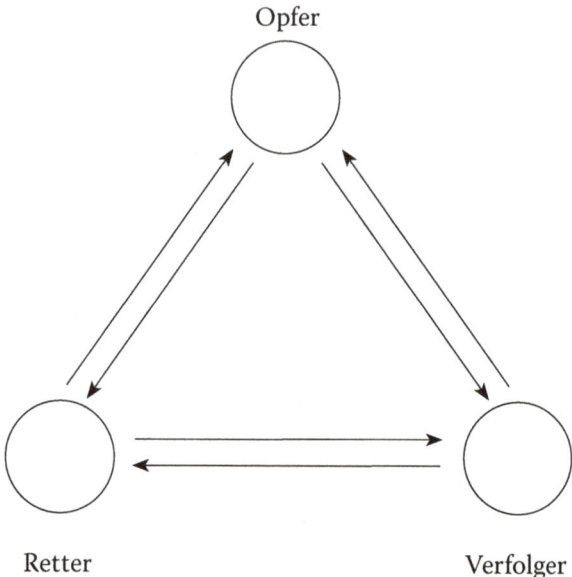

Manchmal funktioniert dieses Verfolger-Retter-Opfer-Spiel auch ganz gut, wenn sich die «Partner» in ihrem Rollenspiel ergänzen. Doch was passiert, falls sich das Opfer nicht mehr in seiner Haut wohl fühlt? Weil es nicht länger Opfer sein will? Weil es genug davon hat, immer «vernünftig» zu sein? Dann kommt es zum Konflikt. Daher nennen wir dieses Dreiecksverhältnis Drama-Dreieck. Das Drama ist die Auseinandersetzung, die erst gelöst werden kann, wenn alle Beteiligten lernen, sich nach ihren Gefühlen und Bedürfnissen frei zu entfalten und die anderen sich entfalten zu lassen.

Über den Umgang mit Machtmenschen

«Einfacher gesagt als getan», höre ich Sie sagen und ich gebe Ihnen Recht. Wir kriegen es nicht von heute auf morgen hin, aus unserer Rolle herauszutreten, die wir seit der Kindheit einnehmen – und die uns ja durchaus Vorteile bringt. Doch wenn wir den Konflikt verstehen, sind wir auf dem besten Weg, ihn zu lösen. Wer also das Gefühl hat, er wird immerzu getreten, darf seine Opferbereitschaft aufgeben. Wer andere immerzu angreift, manipuliert, fordert oder bedrängt, wird gefürchtet, aber niemals geliebt. Wer Liebe wünscht – auch Machtmenschen tun das –, darf von nun an lernen, andere zu akzeptieren und ihnen gegenüber tolerant zu werden. Wer es müde wird, immer und ewig für alle da zu sein, sie zu retten, während das eigene Ich hinten ansteht, darf sein Ego verstärken. Noch sind wir Gefangene unserer Rollen – aber wir sind bereit, aus dem Gefängnis auszubrechen.

«Also gut», sagt das Opfer. «Ich bin so weit. Ich habe echt keinen Bock mehr, Mülleimer der anderen zu sein, um am Ende noch einen Tritt zu kriegen. Doch was nutzt es mir? Den Machtmensch, mit dem ich es täglich zu tun habe, kümmert das nicht. Der ist keineswegs bereit, auch nur ein Zipfelchen seiner Macht abzugeben. Dann bringt das doch nichts. Da kann ich gleich bleiben, wie ich bin.»

«Aber, aber, liebes Opfer», antwortet der Retter. «Ich helfe dir dabei. Dafür bin ich schließlich da. Du wirst sehen, gemeinsam kriegen wir das hin.»

«Na, euch werde ich's aber zeigen», poltert der Machtmensch. «Darauf habe ich nur gewartet. Euch Grünschnäbeln wird das Lachen schnell vergehen. Bevor ihr überhaupt den Satz ‹Änderung der Spielregeln!› aussprechen könnt, kriegt ihr von mir eins auf die Mütze!»

Die Aufgabe, Verhaltensstrukturen und Denkprozesse zu ändern, ist schwierig. Das merken Sie, wenn Sie sich auf einmal in England oder anderen Ländern mit Linksverkehr an diese seltsame Situation gewöhnen müssen. Das geht nur mit voller Konzentration: Eingefleischte Bewegungen wie das Schalten vom ersten in den zweiten Gang müssen plötzlich bewusst überlegt werden. Doch dann, nach hundert, zweihundert Kilometern, klappt die Sache auf einmal. Das «bewusste Denken» ist ein Hilfsmittel, welches Ihnen im Konflikt zur Verfügung steht. Fühlen Sie sich in einer Opferrolle verhaftet, und es steht ein Streit mit einem Machtmenschen an? Dann nehmen Sie ein Blatt Papier zur Hand und schreiben Sie auf, wie dieser Konflikt normalerweise abläuft. Danach schreiben Sie auf, wie diese Konflikt idealerweise ablaufen sollte, wenn Sie nicht länger das Opfer spielen. Diese Vorlage wird von nun an Ihre Blaupause für ein neues Verhaltensmuster.

Gleichgültig, in welcher Rolle Sie sich befinden: Ihr Ziel ist es, sich gegen einen Machtmenschen zu behaupten, ohne gegen ihn anzukämpfen. Er soll am Ende überzeugt sein. Nehmen Sie seine Worte und seine Botschaft an, aber bitte ohne Demutsgebärden. Halten Sie den Augenkontakt. Stellen Sie ruhige und besonnene W-Fragen, unser Allerheilmittel auch bei machtbesessenen Energievampiren. Appellieren Sie an seine Unterstützung: Wer mächtig sein will, muss Lösungen vorweisen – fordern Sie diese ein.

Warum nenne ich meine Strategie zum Umgang mit Machtmenschen nach der Fledermaus? Weil diese Tiere ein sensibles Wahrnehmungsorgan für Schallwellen haben. Genau das hilft uns – eine sensible Wahrnehmung beim Umgang mit Machtmenschen.

Was bei Fledermäusen das Wahrnehmungsorgan für Schallwellen ist, ist bei uns Menschen das Ohr. Unser Hörsinn ist ausgeprägter als unser Sehsinn, wir hören siebenmal differenzierter, als wir sehen. Außerdem ist der Hörsinn direkt mit dem Gleichgewichtssinn verbunden. Wird etwas nicht «aufrichtig» gesagt, kommt es bei uns nicht «aufrichtig» an. Daher macht der «Ton die Musik» und schafft ein Macht- oder Ohnmachtsgefühl.

! Der Umgang mit Machtmenschen löst Fragen aus:
- Wie gut spitzen Sie Ihre Ohren, um versteckte Machtspiele zu erkennen?
- Welche Rolle spielen Sie selbst? Wo kämpfen Sie mit Machtmenschen?
- Wie gestalten Sie Ihren Rollenwechsel zwischen Macht und Ohnmacht?
- Wie lösen Sie das Machtspiel im Win-Win?
- Welche Spielregeln für den konstruktiven Umgang mit Machtmenschen ergeben Sinn?
Durch die Beantwortung der Fragen gelangen Sie von der Ohnmacht zur Macht.
Sie reagieren nicht sondern agieren.

S-O-S: Blitzstrategien zum Schutz vor Energievampiren

Eine Bratwurst sucht man nicht im Hundestall

Im einem alten Buch über die Gebräuche und Sitten der Bauern in meiner Heimat fand ich diesen Zauberspruch gegen einen Nachtmahr: «Trottenkopf, ich verbiete dir Haus und Hof. Ich verbiete dir meinen Ross- und Kuhstall, auch verbiete ich dir meine Bettstatt!»

Im Grund handelte es sich dabei um eine Blitzstrategie: Hilfe, etwas kommt über uns – jetzt müssen wir handeln! Dabei spielt es keine Rolle, ob es sich um einen Aberglauben handelt oder vielleicht doch ein Fünkchen Wahrheit mitspielt. Wichtig ist, eine Waffe zur Hand zu haben, wenn man angegriffen wird.

Unsere Energievampir-Strategien helfen wirkungsvoll, doch erfordern sie Zeit. Manche müssen wir erst üben. Andere klappen am besten, wenn wir dem Energievampir vorbereitet gegenübertreten. Wie der Nachtmahr auf der Schwäbischen Alb oder Graf Dracula in den Transsilvanischen Bergen oder die blutrünstige Fledermaus Desmodus rotundus greift der Energievampir gern spontan und aus dem Hinterhalt an. Taucht plötzlich auf. Steht unmittelbar neben uns. Da hilft uns keine lange vorbereitete Strategie, sondern schneller Schutz.

Auch wenn Sie sich selbst in einer instabilen Lage befinden,

Energievampire

machen Ihnen Blitzstrategien das Leben leichter. Energievampire haben einen scharfen Blick dafür, wer innerlich unsicher ist, vielleicht den Job neu begonnen hat, in einer frischen Partnerschaft steckt oder in einer, die eine Krise durchläuft. Vielleicht sind Sie Hals über Kopf verliebt und hören nur noch die Geigen im Himmel, oder halten sich für gutmütig und vertrauensselig und reichen jedem die Hand, der sie Ihnen hilfesuchend entgegenstreckt? Sie suchen nach den Idealen in der Welt, gehen auch mal Tagträumen nach, Sie zählen sich zu den Schüchternen? Das sind lauter positive Attribute. Gleichzeitig sind *Sie* ein ideales Ziel für Energievampire, denn die lieben es, Emotionen zu zerstören.

Mit der Blitzstrategie sind Sie geschützt. Sie geht so: Wir antworten – aber nur mit zwei Silben. Das ähnelt der Verbalaikidotechnik im Umgang mit Giftzwergen, hat aber den Vorteil, dass Sie die Blitzstrategie nicht üben müssen. Sie werden sehen, die kriegt jeder hin.

Energievampir: «Manche kriegen ihr Geld offensichtlich nur für ihre hübschen Beine.»
Ihre Antwort: «Ach was!»
Oder: «Aha!»
Oder: «So so!»
Oder: «Oje.»
Oder: «Potz Blitz.»
Oder: «Schade.»
Oder: «Sag bloß!»
Oder: «Oha!»
Oder: «Ach so.»

S-O-S: Blitzstrategien zum Schutz vor Energievampiren

Es ist gleichgültig, was Sie sagen, und womöglich finden Sie unter den Beispielen einen Ausdruck, der Ihnen besonders leicht von den Lippen kommt. Bei mir ist es «So so!», bei Ihnen vielleicht «Aha!» Machen Sie ihn zu Ihrem Standard. Sie brauchen ihn nicht zu variieren. Der Energievampir greift an, und Ihre Reaktion ist ab heute: «So so!» Sagen Sie nicht mehr als das, auch wenn Ihnen plötzlich etwas Cleveres einfällt. Unterdrücken Sie den Impuls, legen Sie nicht nach! Die Abwehr erfolgt durch Minimalismus.

Bei groben Angriffen bewährt sich die Blitzstrategie des unpassenden Sprichworts. Es verwirrt den Angreifer, die Suggestion zwingt ihn zum Innehalten und Nachdenken, er kommt aus dem Konzept. Eine wirkungsvolle Strategie, die von Ihnen allerdings mehr erfordert als zwei Silben.

Energievampir: «Ihnen hat man wohl ins Gehirn geschissen!»

Ihre Antwort: «Eine Schwalbe macht noch keinen Sommer.»

Oder: «Hoffen und Harren macht manchen zum Narren.»

Oder: «Viele Köche verderben den Brei.»

Oder: «Morgenstund hat Gold im Mund.»

Oder – diesen Satz mag ich aufgrund seiner Sinnlosigkeit besonders: «Eine Bratwurst sucht man nicht im Hundestall.»

Oder: «Wasser hat keine Balken.»

Oder: «Lieber Glück im Unglück als Pech in der Strähne.»

Auch hier gilt das Prinzip: Wählen Sie ein Sprichwort aus, das Ihnen gefällt und das Sie von nun an parat haben. Ich muss selbst immer wieder grinsen, wenn ich die «Bratwurst»

Energievampire

anwende. Jeder Angriff wird durch den Unsinnssatz neutralisiert.

Manche Teilnehmer meiner Energievampirseminare wollen anderes. Ihr Argument lautet: «Wenn mich einer beleidigt, reichen mir zwei Silben oder ein Sprichwort als Antwort nicht.» Wenn Sie ähnlich fühlen, rate ich zur Konfrontation. Damit ist nicht gemeint, dass Sie einen Streit nach dem Eskalationsprinzip vom Zaun brechen, sondern die Neutralisation des Angriffs durch einen positiven Gegenangriff erreichen. Das kann zum Beispiel die Forderung nach einer Entschuldigung sein. Sie können dabei die Beleidigung wiederholen. Das ist insofern nicht schlecht, weil viele Energievampire nur über ein kurzes Gedächtnis verfügen.

Der Energievampir: «Schalten Sie erst mal Ihr Gehirn ein, bevor Sie derart blöd losplappern.»

Ihre Antwort: «Mit dieser Bemerkung haben Sie mich beleidigt. Ich erwarte, dass Sie sich dafür entschuldigen.»

Oder: «Das war eine Beleidigung. Unterlassen Sie solche Bemerkungen und entschuldigen Sie sich!»

Oder – manchmal sind wir ja mit dem Energievampir per du: «Du beleidigst mich. Ich erwarte, dass du dich dafür entschuldigst.»

Oder: «So möchte ich mit Ihnen nicht weiterreden. Hören Sie auf mich zu beleidigen. Ich erwarte eine Entschuldigung.»

Die Antwort des Energievampirs – die Entschuldigung – ist nicht wichtig. In den meisten Fällen wird sie auch gar nicht erfolgen. Durch Ihren Gegenangriff und Ihre Forderung lassen Sie aber Ihre Muskeln spielen, zeigen Ihre Macht und ziehen vor allem eine ganz klare Grenze. Sie machen deutlich: So kann er nicht mit Ihnen sprechen.

Wer mich kennt, weiß, dass ich ein Freund von Spielregeln bin. Hätten alle in ihren beruflichen und privaten Spielen vorher die Regeln erklärt, hätte ich lange nicht so viel zu tun. Spielregeln sorgen dafür, Konflikte gar nicht erst aufkommen zu lassen, zumindest nicht in der Häufigkeit. Spielregeln auf den Tisch zu legen heißt auch, Umgangsformen zu klären. Das ist besonders wichtig, wenn Sie es mit Energievampiren zu tun haben.

Energievampir: «Also, wenn du so denkst, tust du mir wirklich leid.»

Ihre Antwort: «Ich möchte mit dir diesen Punkt in Ruhe besprechen. Hör bitte mit den Sticheleien auf.»

Energievampir: «Es kann doch nicht sein, dass Sie zu dumm sind, um das zu kapieren.»

Ihre Antwort: «Bitte lassen Sie uns sachlich bleiben.»

Oder: «Lassen Sie uns nicht auf dieser Ebene weiterreden. Ich schlage vor, wir einigen uns auf folgende Umgangsregeln.»

Oder: «Ich würde das Thema gern kurz und bündig, aber ohne Angriffe besprechen. Können wir uns darauf einigen?»

Oder: «Sie haben mich schon zum zweiten Mal unterbrochen. Ich schlage vor, wir lassen einander ausreden.»

Verwenden Sie das Wort «wir» in den Vorschlagssätzen. Das ist wichtig, damit Sie auf eine gemeinsame Verständigungsebene gelangen. Wenn Sie langfristig mit jemandem gut auskommen möchten, ist diese Lenkung des Gespräches in eine konstruktive Richtung empfehlenswert.

Kommt ab November die Zeit der Erkältungen, rät jeder Arzt dazu, das Immunsystem zu stärken. Genau das möchte ich Ihnen auch ans Herz legen, nur dass Sie dabei nicht auf den Herbst warten sollten, denn Energievampire kennen keine Jahreszeiten. Verschiedene Anwendungen zur Stärkung Ihres Energievampir-Immunsystems werden Ihnen helfen, Ihre Resilienz nachhaltig zu verstärken.

Unter Resilienz versteht man die Fähigkeit, Krisen mit eigenen Ressourcen zu meistern und sogar zur Weiterentwicklung zu nutzen. Es ist eine innere Haltung, die es uns ermöglicht, Gelassenheit und Flexibilität in schwierigen Situationen beizubehalten. Dies führt zu weniger Stress und einem Fokus auf das Wesentliche. Das kann wichtig werden, denn jeder Energievampir löst eine emotionale Blockade aus, die unter Umständen körperlich spürbar ist: Wirbel- und Bandscheibenschmerzen, Druckgefühle, Bluthockdruck, Krampfadern. Dabei treten die Grundemotionen Ärger, Angst, Trauer, Schmerz auf. Resilienz entsteht dadurch, dass ich das Gute am Ärger erkenne: Durch ihn fördern wir unsere Durchsetzungskraft. Die Überwindung der Angst wird das Selbstvertrauen beflügeln. Trauer sorgt dafür, sich mit Nähe und Distanz auseinanderzusetzen. Bei Schmerzen hilft, gesunde Grenzen zu setzen.

Menschen mit hoher innerer Resilienz lernen schneller als andere aus ihren Fehlern. Sie schöpfen daraus sinnvolle Erfahrung und neues Wissen und gehen einfacher mit Rückschlägen um, ganz nach dem Motto: «Hinfallen, aufstehen, Krone richten, weitergehen.» Dabei nehmen sie entweder ein weiteres Mal Anlauf oder suchen sich ein sinnvolleres Ziel. Sie sind sich der Macht eigener Gedanken bewusst und vermeiden negative Denkfallen. So arbeitet der innere Kritiker mit ihnen, anstatt gegen sie. Menschen mit einem hohen Grad an Resilienz erkennen, wann sie etwas ändern können und wann nicht. Sie handeln entsprechend nach dem Prinzip «love it – change it – leave it.» Sie kennen ihre Potenziale, aber auch ihre Grenzen. Deshalb nehmen sie sich regelmäßig Zeit für sich selbst, um danach mit aufgeladenen Batterien wieder durchstarten zu können. Resiliente Menschen wertschätzen ihre Mitmenschen und erhöhen dadurch ihre eigene Flexibilität.

Anwendung Nr. 1

Wie bei einer aufziehenden Erkältung, achten Sie auf die Signale Ihres Körpers. Es krampft sich etwas in Ihnen zusammen, wenn der Kollege Sie anspricht? Beim Anruf der Großtante spüren Sie einen Druck in der Brust? Ein Stechen im Kopf, eine innere Müdigkeit machen sich breit? Wichtig ist, sich tatsächlich zuzugestehen, einen Energievampir entdeckt zu haben.

Anwendung Nr. 2

Von den positiven Auswirkungen der richtigen Atemtechnik kann ich nicht genug schwärmen. Stellen Sie sich vor, ein Energievampir ist in Ihrer Nähe. Atmen Sie ganz bewusst langsam tief ein und aus. Bitte achten Sie darauf, doppelt so

Energievampire

lange auszuatmen wie einzuatmen. Tief ein und aus. Und noch einmal. Das hilft!

Anwendung Nr. 3
Wenn äußerer Abstand nicht möglich ist, hilft innerer Abstand. Den erreichen Sie durch das nötige Selbstvertrauen. Nutzen Sie das Mantra: «Jeder Mensch hat seinen Wert» – das schließt Sie ausdrücklich mit ein. Stehen Sie zu sich. Lassen Sie sich nicht umherschubsen. Visualisieren Sie einen Schutzschild um Ihren Körper. Stellen Sie sich vor, wie die Angriffe des Energievampirs daran abprallen.

Anwendung Nr. 4
Und tschüss: Wenn äußerer Abstand möglich ist, scheuen Sie sich nicht davor, wegzugehen.

Anwendung Nr. 5
Sie sind kein Magnet. Negative Reaktionen anderer müssen nichts mit Ihnen zu tun haben. Nehmen Sie diese Reaktionen nicht persönlich. Wenn andere am Morgen mit dem linken Fuß aufgestanden sind, ist das deren Sache.

Anwendung Nr. 6
Sie sind ein Sieger! Als Sieger ist der Angriff eines Energievampirs nur ein nebensächliches Ereignis. Wenn Sie am Ende des Tages einen Blick zurückwerfen, denken Sie an die zehn kleinen und großen Siege, die Sie errungen haben. Die drei kleinen Niederlagen, die es wahrscheinlich auch gegeben hat? In den Gully mit ihnen!

S-O-S: Blitzstrategien zum Schutz vor Energievampiren

Anwendung Nr. 7
Lächeln Sie! Ein Lächeln, Liebe und Freundlichkeit sind ein optimaler Schutz auch gegen Energievampire. Mein Rat: Beginnen Sie mit dem Lächeln schon morgens. Wenn Sie in den Spiegel blicken, lächeln Sie diese wunderbare Person an, die ihnen daraus entgegenlächelt.

Viele meiner Seminarteilnehmer berichten davon, wie Vertriebsveranstaltungen, förmliche Zusammentreffen, aber auch Firmenfeiern und Konferenzpausen ihnen die Energie rauben. Sie empfinden den nötigen Smalltalk als Energieräuber. Meist liegt der Grund darin, dass sie die Kunst des oberflächlichen Geplauders nicht beherrschen. Einige Spielregeln helfen, um nicht in der Ecke zu stehen, sondern neue Kontakte oder gar Geschäftsbeziehungen knüpfen zu können.

Der Schweiger-Kniff
Sie starten das Gespräch mit einer Frage und lassen dann den anderen reden. Er wird Sie als angenehmen Gesprächspartner in Erinnerung behalten.

Der Standort-Kniff
Das Ereignis wird zum Gesprächsthema («Finden Sie auch, dass die Beleuchtung ein wenig ungemütlich ist?») und nicht Sie selbst.

Der Richter-Kniff
Beginnen Sie mit einer Frage, die Ihr Gegenüber mit «rich-

Energievampire

tig» oder «falsch» beantworten kann. Er freut sich über die Anerkennung seiner Kompetenz.

Der Komplimente-Kniff
Loben Sie indirekt in einer Frage, und erfahren Sie gleichzeitig etwas über die bevorzugten Gesprächsthemen des anderen («Ist das Motiv auf Ihrer geschmackvollen Krawatte ein Zeichen für Ihre Verbundenheit mit Australien?»).

Der Übergangs-Kniff
Wechseln Sie nach ein bis zwei Minuten das Thema und leiten Sie in eine fachliche Besprechung über.

S-O-S: Blitzstrategien zum Schutz vor Energievampiren

!

- SOS-Lösungen durch kurze Kommentare wie «Aha», «Oje», «So so», oder Unsinnssätze.

SOS-Lösung durch sieben Anwendungsschritte:
- 1. Ich entdecke den Vampir.
- 2. Ich atme tief ein und aus.
- 3. Ich schaffe körperlichen Abstand.
- 4. Ich schaffe inneren Abstand.
- 5. Ich kreiere – und reagiere nicht nur.
- 6. Ich wertschätze meine Siege.
- 7. Ich lächle mich morgens im Spiegel an.

Entdecken Sie positive Seiten am Energievampir

Die Nacht zum Tage machen

«Energievampire – über den professionellen Umgang mit schwierigen Charakteren» lautet der Titel dieses Buches. Bisher ging es darum, wie wir ihren Angriffen begegnen. Nun wollen wir einen Schritt weitergehen: Ein schwieriger Charakter kann ein für uns sehr wertvoller, unterstützender Charakter sein. So schrieb bereits 1897 der bekannte Geistliche und Volksschriftsteller Heinrich Hansjakob über den Choleriker: «Das cholerische Temperament ist in der Regel das des Genies. Hinter dem Choleriker steht meist ein starker Geist, es können große Helden sein, große Verbrecher, aber auch große Heilige.»

Wer ein Meister im Umgang mit Energievampiren werden will, lernt, die positiven Absichten schwieriger Charaktere zu erkennen. Heinrich Hansjakob sah im Choleriker zugleich einen starken Geist, der Helden schaffen kann. Der Machtmensch möchte Projekte vorantreiben und Dinge zu Ende bringen. Ein Angsthase will alles richtig machen – mal ehrlich, was ist schlecht daran? Die Nervensäge, der Giftzwerg und der Jammerer wollen im Grunde ihres Herzens mit der Situation zurechtkommen, der Besserwisser freut sich über Wertschätzung.

Energievampire

Wie schaffen wir den großen Schritt von der Bekämpfung der Energievampire zur Akzeptanz bei gleichzeitigem Herauskitzeln ihres Potenzials? Das Zauberwort heißt «danken». Ich möchte Ihnen ein Feedback einer Teilnehmerin eines meiner Energievampirseminare wiedergeben, das treffend zeigt, was ich damit meine. Sie ist eine Führungskraft in einem großen Unternehmen aus der Versicherungsbranche und hat es tagtäglich mit einer ganzen Anzahl von Energievampiren zu tun. Diese nach allen Regeln der Kunst zu bekämpfen, genügte ihr nicht mehr, daher bat sie um einem Rat. Ich antwortete: «Nehmen Sie ein Papier zur Hand, wenn Sie morgens aufstehen, und notieren Sie sich zehn Dinge, für die Sie wirklich dankbar sind. Die Übung machen Sie am nächsten Tag wieder. Und am nächsten Tag wieder. Und so weiter, bis Sie ... na, Sie werden sehen.»

«Das ist leicht», antwortete meine Klientin, «Das mache ich gern. Auch wenn ich nicht den Sinn dahinter sehen kann.»

Vier Wochen später erhielt ich ihr Feedback. «Das Ergebnis», schrieb sie, «ist verblüffend. Am ersten Tag ging mir die Liste leicht von der Hand: Ich dankte für meine Familie, ich dankte dafür, dass meine beiden Kinder gesund sind, für meine Arbeit, für das Haus, in dem wir seit fünf Jahren wohnen ... Auch am zweiten Tag schrieb ich die Liste flott, am dritten Tag musste ich schon nachdenken. Am vierten Tag merkte ich, wie ich immer mehr in die Tiefe ging: Ich dankte für gute Nahrungsmittel, die uns zur Verfügung stehen. Ich dankte für sauberes Wasser, für die gesunde Natur, die uns umgibt, und für die Luft, die wir atmen. Am sechsten Tag standen auf der Liste die Namen von Menschen, die

Entdecken Sie positive Seiten am Energievampir

eigentlich zu meinen Gegner in der Firma gehören: eben jene Energievampire, die mir so oft das Leben schwer machen. Genauso, wie ich erkannt hatte, wie essentiell die Luft ist, die wir atmen, wurde mir klar, wie wichtig diese Leute für das Unternehmen und für mich sind. Auf einmal sah ich ihre guten Seiten, die ich, Hand aufs Herz, vorher nicht sehen konnte. Ich brauchte keine Woche dazu, mit einem Aufwand von ein paar Minuten am Morgen.»

Wenn Sie die positiven Seiten Ihrer Energievampire kennenlernen wollen, empfehle ich Ihnen diese kleine Übung. Es sind tatsächlich nur in paar Minuten am Morgen, die aber Wunder bewirken.

Ein verlässliches Werkzeug ist der Armlängenreflextest. Dabei können wir den Einfluss von Energievampiren auf unser feinstoffliches Energiesystem testen, um uns die daraus entstehenden emotionalen Konflikte bewusst zu machen. Mit Hilfe der Kinesiologie sollen Stressfaktoren und Blockaden abgebaut werden, das Handwerkszeug dazu ist der Muskeltest. Mit ihm befragen wir unseren Körper, wo es hakt und klemmt. Eines der vielen guten Dinge daran ist, dass sie den Test zu Hause im stillen Kämmerchen durchführen können. Dabei stellen Sie sich aufrecht hin, und schwingen zwei bis drei Mal Ihre Arme nach vorn und hinten. Denken Sie an ein Stück Zucker in Ihrem Mund. Mit Konzentration auf das Zuckerstück führen Sie Ihre Arme nach der letzten Schwingbewegung gestreckt vor dem Körper zusammen. Nun sehen Sie, welcher Arm «länger» und welcher «kürzer» erscheint, indem Sie die Daumenstellung prüfen. Erscheint Ihr rechter

Energievampire

Arm deutlich kürzer – wir sprechen von rund 0,5 Zentimetern –, hat sie der Gedanke an Zucker im Mund gestresst. Nun denken Sie an einen Schluck frisches Quellwasser im Mund und wiederholen Sie den Vorgang. Idealerweise erscheinen die Arme nun gleichlang, die Daumen liegen parallel. Vielleicht scheint die linke Hand etwas länger? Beides bedeutet eine positive Wahrnehmung.

Nun können Sie sich Ihren Energievampir vorknöpfen. Visualisieren Sie ihn, und führen anschließend den Armlängentest durch. Sie werden sehen, in welchem Ausmaß seine Energie destruktiv auf Sie wirkt.

Auf diese Weise lassen sich alle Grundemotionen testen. Sprechen Sie zum Beispiel das Wort «Angst» mehrmals aus, und führen Sie anschließend den Armlängentest durch. Sie erhalten den schnellen Nachweis, ob «Angst» Sie stresst oder nicht. Wiederholen Sie diesen Test in Verbindung mit dem Energievampir. Sagen Sie nacheinander «Angst», «Ärger», «Trauer», «Ohnmacht» und «Unsicherheit». Je nachdem, wie Ihre Arme reagieren, wird das Unbewusste deutlich sichtbar.

Entdecken Sie positive Seiten am Energievampir

! Energievampire haben positive Absichten, auch wenn wir sie nicht immer gleich wahrnehmen. Für mich gelten die folgenden zehn positiven Begriffe:

- Der Energievampir lehrt mich die Wertschätzung der kleinen Dinge.
- Er zeigt mir dass es mehr zwischen Himmel und Erde gibt, als ich begreifen kann.
- Er macht mich lebendig.
- Er fördert meinen Ehrgeiz.
- Er fördert meine Lernmotivation.
- Er zeigt mir »The Power of NOW«: die Kraft der Gegenwart.
- Er entschleunigt mich.
- Er hilft mir, Prioritäten zu setzen.
- Ich frage nach dem Warum und schaffe dadurch Vertrauen.
- Er bringt mich zum Lachen.

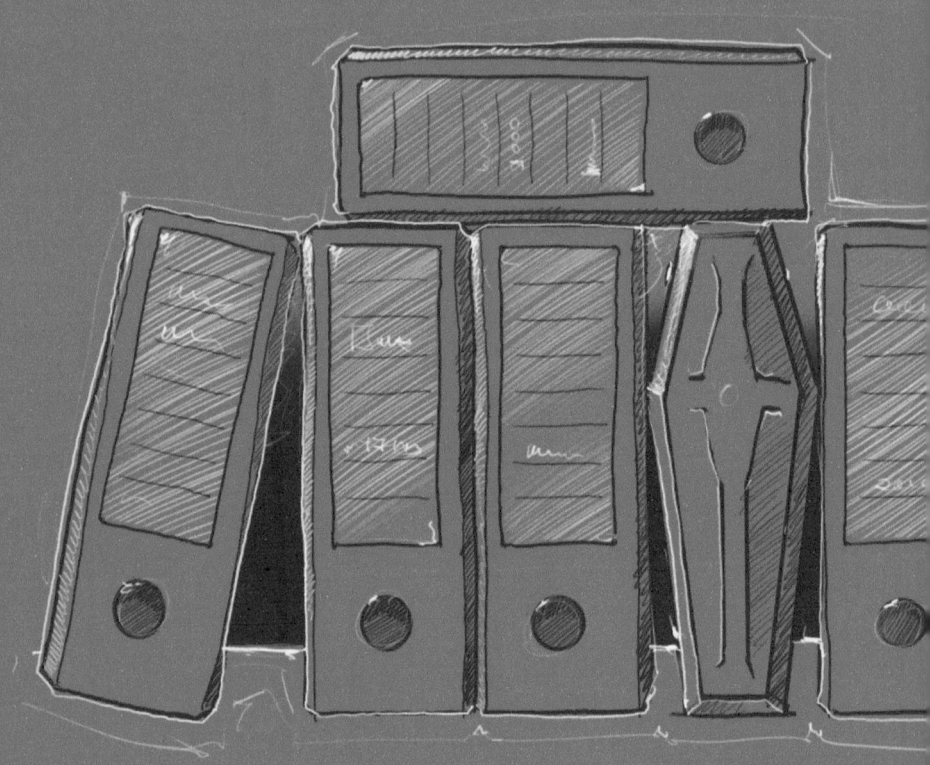

Vampire im Büro

Bürobedarf

Die rumänischen Karpaten, verlassene Schlösser und Gruften: Das sind die Orte, wo Hollywoods Vampire hausen. Unsere Energievampire dagegen machen sich vor allem in Büros breit. Nach einem Tag dort hat man oft das Gefühl, nichts gearbeitet zu haben aber gleichzeitig rund um die Uhr beschäftigt gewesen zu sein. Die vier häufigsten Zeit- und Energievampire im Büro sind Meetings und Telefonkonferenzen, das Surfen im Internet, die Sichtung und Beantwortung von E-Mails sowie Reisezeiten. Hier zeigen sich die Multifunktionsvampire in aller Deutlichkeit: der Absichtslosvampir zum Beispiel, der für keine Konferenz vorbereitet ist. Der Alle-Integrator-Vampir, der jeden zur Konferenz einlädt und dabei den meisten nur die Zeit stiehlt. Der Spontanvampir, der als Erstes eine Tonne Unterlagen versendet. Der unstrukturierte Plapperer, der Unsensible, der Gefühlslose oder der Schauen-wir-mal-Vampir: Sie alle tragen dazu bei, dass wir uns nach vielen Meetings urlaubsreif fühlen. Viele Multifunktionsvampire können durch eine gezielte Vorbereitung bekämpft werden – da sind Sie gefragt, agieren statt reagieren heißt die Parole! Legen Sie Ziele fest: Welcher Beschluss soll gefasst werden, welches Problem gelöst? Gehen Sie die Teilnehmerliste durch: Wer muss wirklich anwesend sein?

Energievampire

Sorgen Sie dafür, dass Unterlagen drei Tage vorher versendet werden, mit maximal drei Zeilen sowie den To-Do's. Legen Sie die Agenda fest sowie die Spielregeln: keine Mails lesen oder im Internet surfen. Kennen Sie die anwesenden Energievampire und sind Sie auf ihre Angriffe vorbereitet? Fordern Sie Feedback ein, räumen Sie Missverständnisse aus. Und zum guten Schluss: Frische Luft und viel Wasser zu trinken helfen über eigene Durchhänger hinweg.

! – Denken Sie auch an Ihre eigenen kleinen Energievampire: Limitieren Sie das Surfen im Internet auf 30 Minuten am Tag. Durchschnittlich checken wir pro Woche 13 Stunden lang unsere E-Mails. Gönnen Sie sich stattdessen E-Mail-Anschauzeiten im Block und genießen Sie die Zeit, die Sie dadurch gewinnen.

Ein Leben ohne Energievampire: Erreichen Sie Ihr Ziel durch Herzintelligenz

«Man sieht nur mit dem Herzen gut.»

Antoine de Saint-Exupéry

Herzensbildung ist ein altes Wort in der deutschen Sprache, es stammt aus der Klassik. Der Dichter Friedrich Schiller verwendete es häufig, der preußische Gelehrte, Staatsmann und Mitgründer der Berliner Universität, Wilhelm von Humboldt, sprach von der «Bildung des Gemüths». Damals galt das Herz als Sitz von Gefühl, Gemüt, der ganzen Seele. Noch heute verwenden wir Ausdrücke wie «jemand in sein Herz schließen» oder «das Herz für etwas öffnen».

Inzwischen verwenden wir für Herzensbildung den Begriff «Herzintelligenz». In einer stressigen Situation erinnern wir uns an eine Situation, ein Erlebnis, einen Ort oder einen Menschen, bei dem wir uns «ganz bei uns selbst» gefühlt haben. Dieses Gefühl nehmen wir im Herzen wahr – das hat Auswirkungen: Unser Herz hat ein eigenes, unabhängiges Nervensystem, das als «Gehirn im Herzen» bezeichnet wird. Über 40.000 Nervenzellen sind dort zu finden, die dafür sorgen, dass Grundgefühle des Herzens die Aktivität des Sympathikus reduzieren. Das ist der Teil des Nervensystems, der die Herzfrequenz beschleunigt, die Blutgefäße verengt und die Ausschüttung von Stresshormonen veranlasst, um uns aufs Handeln vorzubereiten. Gleichzeitig erhöhen die Herzgefühle die Aktivität des Parasympathikus. Er wiederum verlangsamt den Herzschlag und entspannt die inneren Systeme unseres Körpers.

Des Weiteren sorgen positive Emotionen wie Zufriedenheit, Wertschätzung, Mitgefühl, Anteilnahme und Liebe dafür, unser hormonelles Gleichgewicht und die Immunfunktion zu verbessern. Unsere emotionale Verfassung spiegelt sich also in unserem Herzrhythmus wieder; dies ist aus den Messungen der Herzfrequenzvariabilität erkennbar. Der Herzrhythmus wiederum wirkt auf die Fähigkeit unseres Gehirns, Informationen zu verarbeiten, Entscheidungen zu treffen, Probleme zu lösen und unsere Kreativität zu erleben und auszudrücken.

Bezogen auf unsere Energievampire bedeutet das zunächst einmal Akzeptanz: Akzeptieren wir das Recht des Energievampirs auf Existenz.

Das heißt nicht, dass Sie dem schwierigen Charakter alle Freiheiten zugestehen – die Verhaltensweisen, die Sie in den letzten Kapiteln gelernt haben, haben weiterhin Gültigkeit.

Doch höre ich vor allem zu Beginn einer Coaching-Tätigkeit immer wieder von Opfern von Energievampiren: «Ich könnte den Kerl/die Tussi auf den Mond schießen.» Oder in der Steigerungsform: «Wenn der/die morgen unter die Räder kommt, ist mir das Recht.»

So weit wollen wir es nicht kommen lassen. Man hört die Bitterkeit aus den Worten heraus, und diese liegt beim Opfer, nicht beim Täter. Herzensbildung geht dagegen vor.

Ein Leben ohne Energievampire: Erreichen Sie Ihr Ziel durch Herzintelligenz

Wir wollen nicht verbittern, indem wir uns von anderen das Leben so sehr vermiesen lassen, dass wir ihm sogar den Tod wünschen. Wir wollen ihm sein Recht auf eine Existenz genauso zugestehen wie uns selbst.

Das Herz zu öffnen bedeutet, den schwierigen Charakter zu verstehen. Wir haben bereits erkannt, dass die Prägungen der Kindheit zu unserer Rolle als Verfolger, Retter oder Opfer führten. Ebenso ist der Energievampir die Summe seiner Erfahrungen, die er durch seine Erziehung gemacht hat, zusammen mit Ererbtem und durch weitere soziale Gruppen Erworbenem. Er kann sich nicht anders verhalten, als er es tut, wir können ihn nicht ändern. Wir können aber ändern, wie wir auf seine Reize reagieren. Wir übernehmen die volle Verantwortung für unser eigenes Verhalten, agieren nicht herzlos, sondern mit Herz.

Statt mit Ärger, Groll und Ablehnung zu reagieren, zeigen Sie in Zukunft Verständnis für die Problemmenschen Ihrer Umgebung. Stempeln Sie Energievampire nicht wegen ihrer Macken ab. Da hilft es, sich daran zu erinnern, dass wir selbst in den Augen anderer Leute auch schwierige Charaktere sein können. Sind wir nicht froh, wenn diese uns nicht gleich als hoffnungslose Fälle bezeichnen?

Heute ist das Training der Empathie in fortschrittlichen Schulen Bestandteil des Unterrichts. Kommende Generationen werden die Humboldtsche Idee der Herzensbildung bereits in einer Zeit aufnehmen, die für den Reifeprozess besonders wichtig ist. Für Energievampire brechen dann schwere Zeiten an.

Meine Arbeit auf diesem Gebiet ist getan, wenn keiner

mehr in meine Seminare kommen muss oder mein Coaching benötigt.

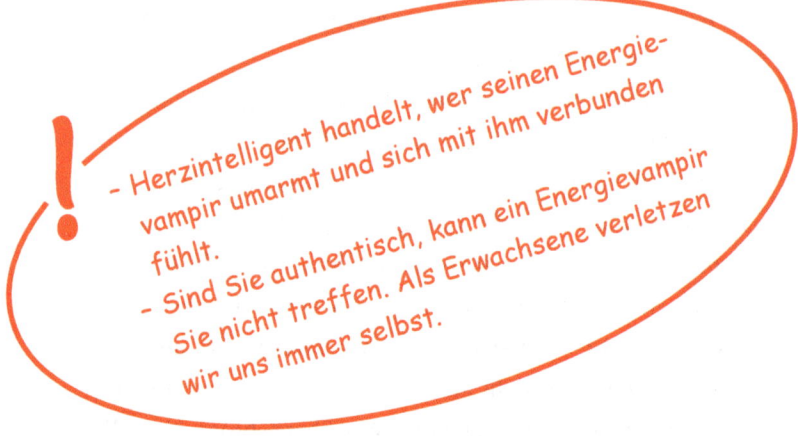

- Herzintelligent handelt, wer seinen Energievampir umarmt und sich mit ihm verbunden fühlt.
- Sind Sie authentisch, kann ein Energievampir Sie nicht treffen. Als Erwachsene verletzen wir uns immer selbst.

Das Energiemenü zur Stärkung Ihres Immunsystems

Liebe geht durch den Magen – auch unsere neue Liebe zum Umgang mit schwierigen Charakteren soll nicht hintenanstehen. Wildkräuter stärken unser Immunsystem durch eine Vielzahl an Vitaminen, Mineralsalzen und Spurenelementen und machen uns widerstandsfähig. In Zusammenarbeit mit der Kräuterpädagogin Annemarie Guckes habe ich ein Menü zusammengestellt, das Ihr Immunsystem auf Vordermann bringt. Falls Sie nicht selbst kochen – lassen Sie sich von einem lieben Menschen bekochen. Sie wissen ja, wir nennen es Herzintelligenz …

Vampirjäger Smoothie

Sie brauchen:
2 Hände voll Grünes, z. B. Gierschblätter, Löwenzahnblätter, Brennnesselblätter und -samen, Portulak, Salatblätter
2 Äpfel, geviertelt und in Stückchen geschnitten
2 reife Bananen
1 Stück Ingwer
den Saft einer Zitrone

Energievampire

Alle Zutaten mit je 1/4 l Apfelsaft und Wasser gut zu einer geschmeidigen Flüssigkeit im Mixer pürieren. In hohe Gläser füllen und mit einer Gänseblümchenblüte servieren.

Löwen-Mut-Salat

Sie brauchen:
1 Blattsalat (z. B. Batavia, Lollo, Kopfsalat)
1 Handvoll zarte Löwenzahnblätter
2 hartgekochte Eier
je 40 ml Olivenöl, Sahne, Apfelessig
1 zerdrückte Knoblauchzehe
1 fein geschnittene Schalotte
1 EL Senf
1 EL Löwenzahnblütensirup oder Honig
Pfeffer
1 TL Kräutersalz

Den Salat und die Löwenzahnblätter waschen, gut abtropfen lassen und kleinzupfen. Sind die Löwenzahnblätter sehr zart, kann man sie ganz verwenden. Das Weiße der hartgekochten Eier hacken. Für das Dressing die restlichen Zutaten, einschließlich der zerkleinerten Eigelbe, zu einer sämigen Sauce mischen und den Salat vorsichtig unterheben. Mit ausgezupften Löwenzahnblüten garnieren und sofort servieren.

Bären-Kraft-Wraps

Sie brauchen:
300 g Dinkelmehl
5 Eier
1 TL Salz
je 1/4 l Milch und Mineralwasser
100 g fein geschnittener Bärlauch

Die Zutaten zu einem Teig verrühren und in einer Pfanne mit Butter zu Pfannkuchen ausbacken.

Be-happy-Obstsalat mit Waldmeistersahne

Sie brauchen:
10 Stängel Waldmeister
250 ml Sahne
1 Päckchen Vanillezucker
Erdbeeren
Rhabarberkompott

Die Waldmeisterstängel einen Tag antrocknen lassen und anschließend einige Stunden in die flüssige Sahne legen. Die Stängel entnehmen und die Sahne mit dem Vanillezucker steif schlagen. Zu einer Mischung aus Erdbeeren und Rhabarberkompott reichen und mit einigen Blättchen Waldmeister oder jungen Fichtenspitzen garnieren.

Tipps für einen gesunden Schlaf

Frage ich im Seminar Teilnehmer oder beim Coaching Kunden nach ihrem Schlaf, höre ich oft, dass sie von «Nachtgeistern» geplagt werden: Die Erlebnisse des Tages lassen sie keinen Schlaf finden, das eigene Nichthandeln sorgt für Traurigkeit oder ein Fehler für ein schlechtes Gewissen. Der Grübelvampir schleppt uns von einer Sorge zur nächsten. Dabei ist die beste Sorge immer noch die Für-Sorge – also das, was Sie für sich selbst tun können. Dazu gehört Folgendes:

- Freuen Sie sich. Offenbar bewegt sich etwas. Es entstehen Handlungsoptionen.
- Übernehmen Sie jetzt Verantwortung – wenn ein Reiz kommt, liegt es an uns selbst, ihn kreativ umzusetzen.
- Wäre es sinnvoll, den Gedanken zu notieren? Ein Post-it genügt. Dann können Sie sich am nächsten Morgen achtsam darauf zubewegen.
- Wenn Sie am Fenster oder auf dem Balkon nochmals Luft schöpfen, schließen Sie im Anschluss alle Nachtgeister ganz bewusst aus. Erinnern Sie sich an den alten Zauberspruch gegen Nachtmahre im Kapitel S-O-S-Blitzstrategien: «Trottenkopf, ich verbiete dir Haus und Hof. Ich verbiete dir meinen Ross- und Kuhstall, auch verbiete ich dir

Energievampire

meine Bettstatt!» Untersagen Sie die Störung Ihrer Nachtruhe ruhig mit lauter Stimme.
- Achten Sie darauf, ab 16 Uhr keinen Kaffee oder aufputschenden Getränke mehr zu sich zu nehmen. Essen Sie leicht und bewusst.
- Entschleunigen Sie vor dem Schlafengehen. Bestätigen Sie sich durch ein inneres «Stopp»: Morgen ist auch noch ein Tag.
- Nutzen Sie den Schlafrhythmus. Wir befinden uns jeweils 1,5 Stunden im Tiefschlaf. Daher sind 6 Stunden bzw. 7,5 Stunden Schlaf besser als eine Anzahl Stunden, die nicht durch 1,5 teilbar ist.
- Sprechen Sie keine selbsterfüllende Prophezeiung aus, z. B.: Sicher kann ich wieder nicht einschlafen.
- Gewöhnen Sie sich Rituale vor dem Einschlafen an, z. B. zu lesen oder ein bestimmtes Lied zu hören. Sie können auch noch kurz Gymnastik machen.
- Schalten Sie Ihr Handy aus.

149

Mein Energievampir-Tagebuch

Erfolg – er folgt, wenn man sich SELBST folgt

Viele Teilnehmer meiner Seminare berichten davon, wie gut es ihnen tut, ihre Fortschritte im Umgang mit schwierigen Charakteren schriftlich festzuhalten. Wenn Sie ebenfalls ein Energievampir-Tagebuch führen wollen, finden Sie hier Raum dafür. Oder Sie verwenden ein eigenes Heft oder eine Datei.

Energievampire

Mein Energievampir-Tagebuch

Energievampire

Mein Energievampir-Tagebuch

Energievampire

Mein Energievampir-Tagebuch

Energievampire

Mein Energievampir-Tagebuch

Energievampire

Mein Energievampir-Tagebuch

Energievampire

Mein Energievampir-Tagebuch

PERFORMANCE
COACHING

Wir entwickeln uns erst, wenn wir in eine „Change"- Energie kommen. Das passiert, wenn die Summe aus Können mal Wollen mal dem 1. Schritt größer ist als unsere Angst und unser Widerstand.

Change-Formel

Können x Wollen x 1. Schritt > Angst + Widerstand

Persönliches Coaching hilft, diese Angst und diesen Widerstand zu verringern. Mehr Informationen für Ihre beste Beratung erhalten Sie auf meiner Webseite und persönlich bei:

Susanne F. Gopalan

Training – Performance Coaching – Beratung

Am Römerkastell 9

73525 Schwäbisch Gmünd

Telefon_49 (0) 172 8725231

Telefon_49 (0) 7171 37665

email_susanne@gopalan.de

Fax_49 (0) 998 999

www.gopalan.de

www.energievampire.eu

Die Autorin

Susanne F. Gopalan zählt zu Deutschlands führenden Trainern für Kommunikation und Coaching von Mitarbeitern und Führungskräften. Nach einem betriebswirtschaftlichen Studium in Pforzheim sowie dem Studium von Management, Speech und Communication an der San Francisco State University arbeitete sie bei Zeitgeist Films in New York und bei der IBM Stuttgart. Es folgten eine Ausbildung zum Trainer und Coach in San Francisco, eine Qualifikation zur Trainerin an der Akademie Deutscher Genossenschaften Montabaur sowie der Erwerb der Ausbildereignung in Frankfurt. Im Anschluss wechselte sie zu McKinsey & Company, bis sie 1998 die Susanne F. Gopalan Performance Coaching & Training gründete. Sie trainiert u.a. für Bayer Pharma, Novartis Inc., Paul Hartmann, SEW- Eurodrive, Zeiss, ZF, Lufthansa, Ritter Sport, Deutsche Börse, SAP und McKinsey & Company.

Mit offenen Veranstaltungen wie dem Lernforum *Mönch trifft Manager* oder dem Wissensaustausch *Kultur-Grenzen* macht Susanne F. Gopalan deutschlandweit von sich reden.

Praxistraining

Energievampire

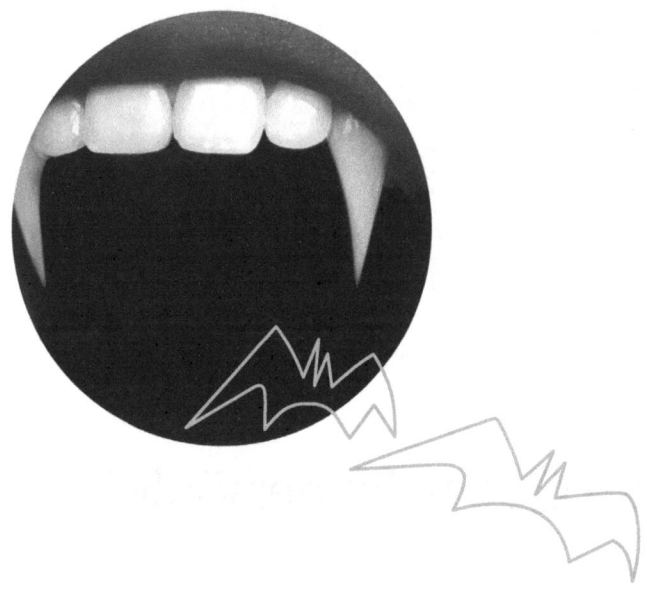

Ein Seminar mit Biss

Vom Umgang mit schwierigen Charakteren

Work-Life-Balance
Culture-Transformation
Konflikt Führung & Steuerung
Interkulturell
Selbstsicherheit
Strategie
Selbstbewusstsein
Vision
Verkaufen
Motivation
Projektmanagement
Coaching Rhetorik
Teamentwicklung
Virtuelle Kommunikation
Emotional Leadership
Feedback

Ihre Quelle für persönliches Wachstum

move™ - Seminare bringen Klarheit

move Seminar

Bringt Klarheit für Menschen, die mittels 7 Führungsprinzipien ihr Leben kreativ gestalten und ihre Ziele erreichen wollen.

Energetic move

Bringt körperliche, seelische und soziale Gesundheit für Menschen, die durch einen selbstbewussten Umgang ihre Ressourcen erweitern.

Sense-ability move

Bringt emotionale Führungsintelligenz für Menschen, die mit Stimme und Körpersprache überzeugen wollen.

Conflict. *art*

Bringt nachhaltige Zufriedenheit und Glück für Menschen, die mittels Aikido-Strategien ihre Konflikte ganzheitlich lösen.

Infos unter: **www.gopalan.de**